RECUEIL

DES

FACTUMS

De la Demoiselle Catherine Cadiere.

Du Pere Iean-Baptiste Girard Iesuite, Recteur du Seminaire Royal de Toulon.

Du Pere Estienne Thomas Cadiere, Dominicain.

De Messire François Cadiere, Prêtre.

Et du Pere Nicolas de Saint Ioseph, Prieur des Carmes dechaussés de Toulon.

A AIX,

Chez **JOSEPH DAVID**,

Imprimeur du Roy & de la Ville.

M. DCC XXXI.

LISTE

DE TOUS LES FACTUMS, MEMOIRES,

Réponses, & autres Ecritures qui ont été Produites & Communiquées respectivement dans le Procès pendant au Parlement de Provence ; d'entre le Pere Jean-Baptiste Girard Jesuite, la Demoiselle Cadiere ; le Pere Nicolas de Saint Joseph, Carme Dechaussé, le Pere Etienne Thomas Cadiere Jacobin, & l'Abbé Cadiere Ecclesiastique.

Noms de Mrs. les Avocats.		Feüillles.
Mr. Chaudon.	MEMOIRE instructif pour la Demoiselle Cadiere. - - - - - -	14
Mr. Chaudon.	Second Memoire instructif pour ladite Cadiere contenant les objets contre les Témoins. - - - - - - - - - - -	5
Mr. Pazery.	Memoire Instructif du P. Girard contre la D. Cadiere. - - - - -	30
Mr. Chaudon.	Reponse de la D. Cadiere au Memoire instructif du P. Girard. - - - - -	21
Mr. Chaudon.	Reponse de la D. Cadiere à un Mémoire manuscrit du P. Girard, en deux colomnes. - - - - - - - - - - - -	1
Mr. Chaudon.	Précis des charges au nom de la D. Cadiere. - - - - - - - -	6
Mr. Chaudon.	Observations sur les reponses personnelles du P. Girard & de D. Cadiere, en deux colomnes. - - - - - - - - - - - -	11
Mr. Chaudon.	Analise des Témoins produit par le Promoteur pour la D. Cadiere. - - - -	10
Me. Pazery.	Second Memoire du P. Girard contre la D. Cadiere & les Coaccusés. - - -	17
Mr. Chaudon.	Reponse de la D. Cadiere au second Memoire du P. Girard, en deux parties. -	20
Mr. Chaudon.	Reflexions au nom de la D. Cadiere sur les prétenduës contradictions que le P. Girard lui oppose dans ses reponses pardevant l'Official. - - - - -	4
Mr. Chaudon.	Memoire de Monseig. de Toulon avec la reponse, au nom de la D. Cadiere, en deux colomnes. - - - - - - - - - - - -	5
Mr. Pazery.	Memoire du P. Girard, ou demonstration des impostures de la D. Cadiere. -	2
Mr. Chaudon.	~~Observations au nom de la D. Cadiere contre le P. Girard.~~ - - - - -	~~3~~
Mr. Chaudon.	Parallele des sentiments du P. Girard avec ceux du P. Molinos, au nom de la D. Cadiere, en deux colomnes. - - - - - - - - - -	3
Mr. Burgarel.	Memoire instructif de Messire Cadiere Prêtre. - - - - - - - -	15
Mr. Burgarel.	Second Memoire instructif dudit Messire Cadiere Prêtre. - - - - -	9
Mr. Fouque.	Observations du P. Cadiere Jacobin sur le Memoire manuscrit distribué par le P. Girard dans le cours de la plaidoirie, en deux colomnes. - - - - -	3
Mr. Fouque.	Reflexions dudit P. Cadiere Jacobin contre le P. Girard. - - - - - -	13
Mr. Fouque.	Reponse dudit P. Cadiere Jacobin, au second Memoire du P. Girard. - - -	6
Mr. Pascal.	Memoire instructif du P. Nicolas Prieur des Carmes dechaussez de Toulon. -	14
Mr. Pascal.	~~Observations dudit P. Nicolas contre l'Ecrit intitulé, Brieve reponse aux divers Mémoires fait contre le P. Girard.~~ - - - - - - -	~~3~~
	Liste des Factums dans l'ordre qu'ils ont été Communiqués à la Procedure. - -	1
	Les veritables sentimens de la D. Cadiere, tels qu'elle les a donné à son Confesseur, écrit de sa propre main, Brochure in-octavo. - - - - - -	1

217. Feüilles.

Se vendent, separément ou tout complet trois sols la Feüille.

MEMOIRE
INSTRUCTIF,

POUR DEMOISELLE CATHERINE CADIERE
de la Ville de Toulon, apellante comme d'abus de la procedure faite par
l'Official en l'Evêché de la même Ville, à la Requête du Promoteur, &
par apel simple de la procedure faite contre elle par Messieurs les Commissaires du Parlement, du Decret d'Ajournement personnel contre elle laxé,
& *à minimâ* du Decret d'Assigné par eux rendu; demanderesse en Lettres Royaux incidentes de restitution, du 19. Mai 1731. & au principal
querellante en Enchantement, Rapt, Inceste spirituel, Avortement & Subornation de témoins.

CONTRE le Pere Jean-Baptiste GIRARD Jesuite, Recteur du
Seminaire Royal de la Marine dudit Toulon, intimé en apel à minimâ,
& querellé; & encore Monsieur le Procureur General du Roi, intimé
aux autres apels; & tous deux deffendeurs aux Lettres Royaux.

ETTE cause qui fait le sujet de l'entretien & de l'attention de tout le
monde chrétien, est très-importante, puisqu'elle interesse si fort la Religion & tout le public. Elle n'est pas moins singuliere, & par la qualité
des Parties, & par la nature des crimes qui en font la matiere, & par
toutes les circonstances. C'est ici un Directeur vicieux, qui en abusant de
ce que la Religion a de plus saint & de plus redoutable, s'est rendu le
corrupteur de sa propre Pénitente, qu'il n'avoit canonisée, pour ainsi dire, que pour
s'en rendre la conquête plus flâteuse & plus assûrée; & qui sous les aparences trom-
peuses d'une vertu austere, & d'un air de mortification, a joüé le rôle de l'Amant le
plus delicat, le plus sensuel, & le plus passionné.

S'il falloit juger de cette affaire par la qualité des Decrets qui ont été rendus, & par
les dehors qui l'environnent, ne diroit-on pas que le Pere Girard est un innocent ca-
lomnié, & que la Demoiselle Cadiere, son frere le Dominicain, & le Prieur des
Carmes dechaussez de Toulon, son nouveau Confesseur, sont très coupables, & même
des calomniateurs? En effet n'est-il pas bien surprenant de voir que ce Jesuite accusé,
& convaincu de tant de grands crimes, dont le moindre est un Inceste spirituel avec ses
Pénitentes, ne soit decreté que d'un simple assigné, qu'il joüisse de toute sa liberté,
qu'il prêche, qu'il confesse, qu'il dise tous les jours la Messe, & fasse toutes les fonctions de son Ministere; & que la Demoiselle Cadiere son accusatrice, & non accusée,
dont toute la faute se reduit à avoir eu le malheur d'être l'innocente victime d'un Directeur depravé, qui a employé les voyes les plus criminelles pour la seduire, soit
decretée d'ajournement personnel, ait été traduite par la Maréchaussée, comme si elle

A

étoit coupable de quelque crime capital , & foit refferrée dans un Couvent ; & que fon frere le Religieux , & le Prieur des Carmes fon nouveau Directeur, dont l'innocence eft fi connuë , foient flêtris par un Decret d'ajournement en perfonne , & fon frere le Prêtre feculier d'un affigné. C'eft ainfi que les innocens ont été mis à la place du coupable , & le coupable à celle des innocens, mais nous efperons de la juftice de la Cour qu'elle rétablira les chofes dans leur état naturel , & chaque partie à la place qui lui convient : le Public , juge fi integre & fi équitable , l'a même déja prévenuë là-deffus. On verra avec étonnement tout ce que le credit & l'artifice des Jefuites a mis en ufage pour obfcurcir la verité & immoler une fille & trois Prêtres innocens , pour tâcher de fauver un Jefuite coupable.

Il y a des caufes, comme difoit un ancien, en traitant un fujet affez aprochant du nôtre, où il eft permis d'exagerer l'indignité du fait par la vehemence du difcours ; mais dans celle-ci nous fommes contraints de cacher une partie de la verité ; & il faut ou prévariquer, ou franchir les bornes de la modeftie & de la pudeur : *In aliis forfitan caufis permittitur indignitatem rei oratione exagerare, in hâc parcendum verbis eft , inhibenda magnâ ex parte veritas : prevaricandum mihi eft fi pudorem habeo.* Quel parti donc prendre parmi de fi grandes extrémitez? on prendra celui de retrancher tout ce qui pourroit paroître étranger ou inutile , de ne rien dire qui ne foit exactement vrai , & même prouvé par la procedure, qui n'eft plus pour nous un miftere , puifque nous avons fubi le procès extraordinaire , de purifier les expreffions autant que la caufe le permettra ; mais enfin de dire tout ce qui fera abfolument neceffaire pour la deffenfe d'un procès fi jufte & fi favorable , & pour le foûtien de l'innocence & de la verité.

Comme on eft perfuadé que la Juftice & le Public feront ravis qu'on leur develope toutes les circonftances effentielles de cette caufe , fi curieufe & fi intereffante , que les Jefuites ont cachées ou deguifées jufqu'ici avec tant de foin , fans craindre de paroître trop long fur un fujet où le public ne croit pas d'en pouvoir trop fçavoir ; on mettra la verité dans toute fon évidence , on fera une hiftoire naïve de la direction de ce Jefuite , & de la vexation que la Demoifelle Cadiere a foufferte ; & peut - être que les traits d'opreffion de la Pénitente ne paroîtront pas moins extraordinaires que ceux de la conduite du Directeur ; & nous prouverons par des principes & des raifons inconteftables , que toute la procedure qui a été faite contr'elle , & les Decrets dont elle fe plaint , font un ouvrage d'abus, de nullité & d'injuftice ; & qu'au fonds il n'y a ici de coupable que le Pere Girard , & qu'il eft convaincu de tous les crimes dont il eft accufé.

FAIT DU PROCE'S.

LA Demoifelle Catherine Cadiere , fille du Sieur Jofeph, Marchand de la Ville de Toulon , & d'Elizabeth Pommet, eft née le 12. Novembre 1709. Son pere mourut dans le tems qu'elle étoit encore dans fon bas âge, & laiffa à fa veuve trois enfans mâles & cette fille, avec un bien affez proportionné à leur état. Cette Veuve a élevé foigneufement fa famille à la vertu ; l'ainé de fes enfans, à la follicitation de fa mere , s'eft engagé dans le mariage, le fecond dans l'Ordre de Saint Dominique , le troifiéme dans l'État Ecclefiaftique , & la fille, qui étoit la plus jeune , a toûjours été l'objet des foins & de la tendreffe de fa mere. Ses principaux directeurs avoient été Meffire Giraud, Curé de l'Eglife Cathedrale de Toulon , d'un merite & d'une vertu fi diftinguez, & Meffire d'Oulonne, Vicaire de la Paroiffe Saint Loüis. Sous leur direction cette fille étoit un exemple de vertu , & elle avoit tant de goût pour la devotion & pour la pieté, qu'elle avoit refufé plufieurs Partis fort honorables & fort avantageux ; tout cela eft de notorieté publique, & même prouvé par la procedure ; & à l'âge de 18. ans elle avoit encore cette fainte fimplicité & cette innocence de mœurs, qu'on ne trouve guere dans les filles du monde au-delà de fept ans.

Telle étoit la Demoifelle Catherine Cadiere lorfque le Pere Jean-Baptifte Girard Jefuite arriva à Toulon au mois d'Avril 1728. en qualité de Recteur du Seminaire Royal des Aumoniers de la Marine. La reputation qu'il s'étoit acquife à Aix par l'éclat de fes Prédications & de fa direction , & cet air de modeftie , d'aufterité & de mortification repandu alors fur fon vifage & fur toutes fes manieres, lui attirerent bien-tôt un grand nombre de Pénitentes , & entr'autres la Demoifelle Cadiere ; & ce qui acheva de l'y déterminer, c'eft que Meffire d'Oulonne , qui étoit alors fon Directeur, étant trop occupé, elle ne pouvoit pas fe confeffer auffi fouvent qu'elle auroit fouhaité.

La Demoifelle Cadiere a refté deux ans & demi fous la direction du Pere Girard. Dans la premiere année il ne fe paffa rien d'extraordinaire ; feulement elle fçavoit qu'il s'informoit de fa condition & de celle de fes parens , & elle s'apercevoit qu'il avoit pour elle des attentions, qu'elle n'atribuoit alors qu'à la charité de la Direction; mais la fuite a fait voir qu'elles avoient une autre caufe. Ce Directeur lui difoit fouvent au

Confeſſional que le bon Dieu demandoit d'elle quelque choſe de plus ; qu'il avoit des grands deſſeins ſur elle, qu'elle devoit ſe livrer au bon Dieu ; & quelques fois il lui ajoûtoit, ne voulez-vous pas vous livrer à moi ? Ces dehors de vertu du Directeur, & la ſimplicité de la Penitente ne permettoient pas à celle-ci de ſentir le venin renfermé dans ces dernieres paroles.

Au bout d'un an de Direction, un jour qu'elle étoit chez les Jeſuites au Parloir avec le Pere Girard, après lui avoir fait un reproche obligeant de ce qu'elle ne l'avoit pas envoyé prendre dans la maladie qu'elle venoit de faire, il lui dit, ne voulez-vous pas vous livrer une fois à moi ; & s'étant baiſſé, & ayant aproché ſa bouche de celle de la Demoiſelle Cadiere, il lui jetta un ſoufle, qui fit une ſi grande impreſſion ſur elle, que ſur le champ elle ſe ſentit tranſportée d'amour pour lui, & lui dit qu'elle ſe livreroit à lui. (Nous ferons voir dans la ſuite que cette maniere de donner de l'amour n'eſt pas ſans exemple.) Le Directeur repartit qu'il étoit ravi de la voir dans ces diſpoſitions ; ils paſſerent d'abord dans ſon Confeſſional ; ce fut là qu'il recuëillit les ſentimens qu'il venoit de former dans le cœur de ſa Penitente ; qu'il lui ordonna de communier déſormais tous les jours, mais dans des Egliſes differentes ; qu'il lui prédit qu'elle auroit bien-tôt des viſions fréquentes, & lui donna ordre de lui aller rendre compte tous les jours de ſes états.

La Demoiſelle Cadiere executa tous les ordres de ſon Directeur avec exactitude, elle communioit tous les jours dans de differentes Egliſes, où la curioſité publique attiroit beaucoup de monde. Elle eut bien-tôt des extaſes & des viſions fréquentes. En examinant dans la ſuite tous les faits extraordinaires qui ſe ſont paſſez ſous cette Direction, nous ſonderons la réalité ou la chimere de ces viſions, & nous en chercherons la cauſe. Nous n'en faiſons pas ici un détail, ſoit parce qu'on le trouvera dans l'expoſition qui ſera inſerée dans ce mémoire ; ſoit encore pour ne pas couper trop le Fait & l'ordre de la Procedure. Elle tomba en même tems dans une impuiſſance de prieres ; elle alloit rendre tous les jours au Pere Girard un compte exact de toutes les viſions qu'elle avoit, & de tout ce qui ſe paſſoit en elle ; & c'eſt dans ces entretiens ſi longs & ſi frequens, & qui ne rouloient pas toûjours ſur la Direction, qu'il ſçavoit ſi adroitement mêler les interêts & le langage de ſon cœur, qu'il avoit ſoin de cacher ſous des termes conſacrez à la pieté & à la dévotion.

Cette Penitente avoit ſoin de déclarer à ſon Directeur dans ſa Confeſſion les peines dans leſquelles la jettoient cette impuiſſance de prieres vocales, & cet amour extrême dont elle ſe ſentoit tranſportée pour lui ; mais il la raſſûroit ſur l'une & ſur l'autre. *La Priere*, lui diſoit-il, *n'eſt qu'un moyen pour parvenir à Dieu, mais une fois qu'on y eſt parvenu & qu'on eſt uni à lui, elle n'eſt plus neceſſaire. L'amour que vous avez pour moi*, lui ajoûtoit-il, *ne vous doit faire aucune peine, le bon Dieu veut que nous ſoyons unis tous deux. Je vous porte dans mon ſein & dans mon cœur, vous n'êtes plus qu'une même choſe avec moi, vous êtes l'ame de mon ame.* Et pour tâcher de couvrir ſa flamme ſacrilege & inceſtueuſe, il lui diſoit, *aimons-nous bien dans le ſacré cœur de Jeſus.* De-là vient que preſque toutes ces Lettres étincelantes d'amour, qui ont été jointes à la Procedure, finiſſent par ces mots, *Je ſuis intimement uni ou unie avec vous dans le ſacré cœur de Jeſus :* Et dans le Confeſſional il la faiſoit ſouvent aprocher de lui pour recevoir ſon ſoufle, qui produiſoit en elle un redoublement d'amour pour lui. C'eſt ainſi qu'il avoit faſciné l'eſprit & le cœur de cette infortunée Penitente.

Elle n'étoit pas la ſeule qu'il avoit miſe dans ces états ; car il y avoit encore pluſieurs autres devotes, & ſur tout la Laugier, la Batarelle, la Gravier, l'Allemande, la Reboul, & la fameuſe Guyol, qui avoient part à l'affection de ce Directeur. Cette derniere, qui eſt une de ces femmes aſſez bien faites & induſtrieuſes, avoit encore un emploi par deſſus toutes les autres, & étoit comme la conductrice de ce petit troupeau cheri & choiſi, à qui ce Confeſſeur, qui n'avoit de ſevere que le dehors, permettoit de faire des parties de plaiſir à la campagne ; prêtoit le Clerc des Jeſuites pour leur ſervir de Cuiſinier ; & en recevoit au retour le remerciment & le bon ſoir : ces faits ſont prouvez par ſes propres réponſes, & il eſt aſſez notoire à Toulon, que le 30. Avril 1730. jour de Sainte Catherine, qui fut une de ces Fêtes champêtres, il envoya par ſon Clerc à la Demoiſelle Cadiere un magnifique Bouquet, & un autre petit pour chacune de ſes compagnes.

Ce Directeur trop enflammé de l'amour de ſa Devote, las de tous ces ſentimens qui lui paroiſſoient trop ſteriles, réſolut d'employer des moyens plus efficaces pour leur donner quelque réalité, & voici comment. Elle eut une viſion, où il lui fut repréſenté une Ame dans un état de peché mortel, & il lui ſembla d'entendre une voix, qui lui dit que ſi elle vouloit la délivrer de cet état, il falloit qu'elle acceptât une obſeſſion pendant un an. Elle lui communiqua cette viſion, dont il ne parut point ſurpris, parce qu'il en étoit l'auteur, il lui dit qu'elle ne devoit pas la refuſer, & malgré toute la répugnance qu'elle y témoigna, il la força de l'accepter. A peine y eut-elle donné ſon confentement, & prononcé dans le Confeffional une efpece de Formulaire, par lequel il lui fit dire , *J'accepte, je me foûmets, je m'abandonne à dire, à faire & à fouffrir tout ce qu'on voudra exiger de moi* , qu'elle fentit tous fes fens troublez & liez, & qu'elle vomit des blafphémes contre tous les Myfteres de nôtre Sainte Religion , & des imprécations contre les Saints. L'Accufé fixe lui-même dans fes réponfes l'époque de cette obfeffion à la fin du mois de Novembre, ou au commencement de celui de Decembre 1729. & la fin au 20. Fevrier 1730. quoiqu'alors les accidens d'obfeffion n'ayent pas tout-à-fait ceffé , & qu'ils ne foient devenus que moins violens.

Cette obfeffion procuroit à la Demoifelle Cadiere des repréfentations affreufes & infames , & des accidens convulfifs fort frequens, pendant lefquels fa bouche ne s'ouvroit que pour proferer des blafphémes horribles , & des imprecations ; & quand fes freres l'Ecclefiaftique & le Jacobin faifoient des prieres pour la foulager , elle les maudiffoit & fe plaignoit qu'elles ne faifoient qu'augmenter fes tourmens , & dans cet état il lui fembloit que le démon lui difoit qu'il y avoit des charmes attachez à la perfonne du Pere Girard , & qu'il avoit fait un Pacte avec lui pour bien prêcher, à condition qu'il lui livreroit autant d'ames qu'il pourroit ; & après ces accidens, elle avoit fouvent des extafes & des vifions qui lui fembloient une fource de confolation pour elle , quoiqu'il foit aparent que tout cela partoit de la même main ; & elle avoit la connoiffance de l'interieur des confciences , comme il eft fi bien prouvé par la Procedure.

C'étoit-là un miftere renfermé dans la maifon & dans la famille de la Demoifelle Cadiere, qui en étoient les Spectateurs étonnez , & dans lequel il n'affocioit que les autres Devotes dont nous venons de parler, parce qu'il les conduifoit par les mêmes voyes , & qu'elles étoient dans les mêmes états d'obfeffion & d'impuiffance de prieres, & qu'elles avoient même déja des Stigmates : tout cela eft prouvé par la Procedure. La Demoifelle Cadiere avoit ordre de dire à toute autre perfonne qui pourroit l'interroger, que c'étoit-là des incommoditez naturelles , & il perfuadoit à fes parens que s'ils venoient à parler de ces prodiges que Dieu operoit dans cette Sainte ; (car c'eft ainfi qu'il l'apelloit ,) elle mourroit dans 24. heures.

Ces accidens d'obfeffion forcerent bien-tôt la Demoifelle Cadiere à garder prefque toûjours la chambre , & fournirent à fon Directeur un prétexte de l'y aller voir fouvent tout feul , & de s'enfermer à clef avec elle dans fa chambre. Ces vifites commencerent dès le mois de Decembre 1729. & ont continué jufqu'au mois de Juin 1730. qu'il trouva bon de l'envoyer au Couvent Sainte Claire d'Ollioules , de la maniere , & par les motifs que nous expliquerons dans la fuite ; & afin que la chofe frapât moins dans la Maifon des Jefuites , & pour fe difpenfer de mener un compagnon incommode, il avoit donné ordre à l'Abbé Cadiere , qui étudioit alors chez eux, de l'aller prendre l'après-dîné à une heure & demie, & de l'accompagner jufqu'à la maifon de fa fœur, où il paffoit le refte de la journée ; & quand l'Abbé Cadiere n'étoit pas affez exact à l'aller prendre , ce zélé Directeur, qui le prévenoit même fouvent, venoit tout feul fans l'attendre.

Le Pere Girard s'enfermoit donc tout feul dans la chambre de la Demoifelle Cadiere , & lorfque la violence d'un accident d'obfeffion, ou quelque extafe la mettoit hors de l'ufage de fes fens , il prenoit ces momens pour fe livrer à tous les attraits de la volupté , & pour commettre fur fa Penitente les crimes les plus infames ; & quand elle revenoit de ces accidens ou de ces extafes, elle fe trouvoit dans des poftures indecentes , & fon Directeur auprès-d'elle , & avec des marques, qui ne permettoient pas de douter qu'il n'eût confommé fon attentat. Et comme ces accidens & ces extafes étoient affez frequens, il ne lui manquoit pas d'occafions de fatisfaire fa paffion ; & lorfque la fituation où elle fe trouvoit à fon retour, ou les libertez criminelles qu'il prenoit fur elle , lui donnoient lieu de lui reprefenter là-deffus fes doutes & fes peines , il avoit foin de la raffûrer , & de lui dire que c'étoit là la volonté du bon Dieu : Langage abominable dans la bouche d'un Directeur , & digne de tous les anathêmes de l'Eglife ; & quand elle difoit à la Guyol, confidente du Pere Girard, ce que celui-ci lui faifoit, la Guyol lui rioit au nez, & lui répondoit qu'il falloit bien qu'elle fût fimple, & même imbecile, pour croire qu'il y eût là aucun mal. La Demoifelle Cadiere difoit aux autres Penitentes cheries du Pere Girard tout ce qui fe paffoit entre elle & lui , celles-ci de leur côté lui faifoient auffi confidence des mêmes libertez qu'il prenoit avec elles , la procedure en renferme la preuve. Nous ne faifons pas ici la peinture ni le détail de tout ce qui s'eft paffé dans cette chambre, la pudeur nous les interdit ; & d'ailleurs on les trouvera dans l'expofition de la Querellante, où les regles de la juftice, qui veulent qu'on lui fixe les faits & les circonftances , l'ont forcée de les énoncer.

Le dernier jour du carnaval de l'année derniere, la Demoifelle Cadiere dans un extafe eut une vifion, où il lui fembla d'entendre une voix, qui lui dit, je vous conduirai avec moi dans le défert pendant le Carême, & vous ne vivrez plus de la nourriture des hommes, mais de celle des Anges: dès le lendemain, il lui fut impossible d'avaler une nourriture solide. Le Pere Girard consulté sur cette vision & sur cette impuissance de manger, decida que c'étoit là un prodige de la Grace, & que la Demoiselle Cadiere ne devoit se faire aucune violence pour prendre des alimens. Comme cela lui paroissoit tenter Dieu, elle fit tous ses efforts pour manger, mais à mesure qu'elle avoit avalé quelques alimens, elle étoit obligée de les rendre avec autant de violence qu'elle s'en étoit faite pour les prendre, ce qui lui procura un vomissement de sang, & les 15. derniers jours du Carême elle les passa sans avoir pû avaler autre chose que de l'eau.

Tous les jours de ce Carême furent marquez par des extases & des visions particulieres, que le Pere Girard donnoit à cette fille, à ses parens & à ses autres penitentes qui étoient du secret, & qui en étoient quelque fois les témoins, pour des prodiges de la Grace. Le détail en est contenu dans un memoire qu'il l'a forcée de lui en faire, appellé *le Carême*, qu'il avoit demandé avec tant d'instance, & dont il s'étoit saisi avec tant d'empressement, qu'il a remis lui-même, & qui a été joint à la Procedure. Ce qu'il y a de plus remarquable dans ce Carême, c'est l'extase ou la vision dans laquelle il lui sembla voir un cœur percé de diverses blessures, qu'elle crût être le cœur de Jesus-Christ percé par les pechez des hommes, & elle attribua à l'impression que cet objet si touchant & si douloureux fit sur elle, une playe sanglante qu'elle se trouva alors au côté gauche, que le Pere Girard appelloit Stigmate: & la Transfiguration qu'elle eut depuis le Jeudi Saint jusqu'au Samedi Saint, qu'elle resta en extase, immobile, & dans une suspension totale de ses sens, avec des Stigmates ouverts & sanglans à ses mains & à ses pieds, outre celui qu'elle avoit déja au côté, & son visage ensanglanté de goutes de sang, qui tomboit d'une Couronne qui se forma au tour de sa tête, à l'endroit où quelques jours auparavant le Pere Girard lui avoit coupé les cheveux, qu'il avoit emportez: l'Accusé, par ses reponses, avoüe d'avoir vû le Vendredi Saint cette Transfiguration, dont il fait une description semblable à celle qu'on vient de faire, & il avoüe encore qu'il s'étoit fait remettre la serviette ensanglantée, dont on avoit essuyé le visage de la Demoiselle Cadiere, qui représentoit la Face d'un *Ecce Homo*, & ses coeffes teintes du sang qui decouloit de sa Couronne.

La douleur que ces Stigmates causoient à la Demoiselle Cadiere, lui persuada d'y mettre des emplâtres pour tacher de l'adoucir; mais le Pere Girard lui en fit de sanglans reproches, il lui dit que c'étoient là des playes divines & des Stigmates qui n'avoient besoin d'aucun remede humain, il lui fit ôter les emplâtres & baisa les Stigmates avec veneration, ce qu'il avoit fait ensuite plusieurs autres fois, & surtout le Stigmate du côté qu'il baisoit avec tant de sensualité, & sous pretexte qu'il en avoit un interieur, il apliquoit souvent son côté sur celui de la Demoiselle Cadiere.

La Querelante avoit eu le 8. May 1730. une seconde Transfiguration semblable à celle des trois derniers jours du Carême, dont le Pere Girard, & encore Messire Giraud, Curé de la Cathedrale, avoient été les témoins, ainsi qu'il est prouvé par la procedure, & même par les reponses de ce premier; & comme l'Accusé avoit toûjours predit d'avance, non seulement à la Demoiselle Cadiere, mais encore à plusieurs de ses autres Penitentes, ces Transfigurations, elles y avoient assisté, & surtout la Batarelle & la Guyol, & même le Pere Grignet Jesuite, qui ravi d'admiration & d'étonnement de ces prodiges, & de ce qu'elle lui avoit donné des avis qui prouvoient qu'elle connoissoit les secrets les plus intimes de la conscience de ce Jesuite, lui avoit écrit une Lettre de remerciment, produite au procès.

Au retour de ces transfigurations & de ces extases, elle s'étoit trouvée successivement deux Croix que le Pere Girard lui avoit fait accroire lui avoir été envoyées miraculeusement. Il se saisit avec beaucoup d'empressement de l'une de ces Croix, comme de la preuve des miracles de sa Penitente, & l'autre fut donnée à M. l'Evêque qui l'avoit demandée avec instance. Il est néanmoins aparent que le Pere Girard, qui étoit toûjours seul dans la chambre de la Demoiselle Cadiere au commencement de ces Transfigurations, fut l'Ange qui avoit aporté ces Croix miraculeuses; & la Demoiselle Cadiere, pour se consoler de ce qu'on lui avoit enlevé ces deux Croix, & en conserver le souvenir, en avoit fait faire trois petites, dont elle en avoit donné ensuite deux pour des simples Croix à la Dame de Rimbaud, Clairiste d'Ollioules, comme elle l'a deposé, & avoit gardé la troisiéme.

On ne sçauroit passer ici sous silence un trait bien singulier. Le Pere Girard avoit prédit à la Demoiselle Cadiere qu'un tel jour elle seroit élevée en l'air dans sa chambre; il ne manqua pas de s'y rendre au jour assigné, pour être le seul témoin de ce prodige; il s'enferma avec elle dans sa chambre, & lorsqu'il étoit assis devant elle, l'Appellante qui se sentoit élever en l'air crût devoir resister à une pensée d'orgueil qui lui vint alors & se prit à sa chaise avec ses mains, pour empêcher d'être élevée. Il lui dit plusieurs fois de se livrer & de s'abandonner à cet esprit qui agissoit, & qu'il apelloit l'esprit de

B

Dieu, & comme elle refusa de le faire, il s'emporta, & sortit sur le champ : ce fait est prouvé par ses propres réponses. La Guyol vint bien-tôt faire des reproches à la Demoiselle Cadiere du refus qu'elle avoit fait de suivre l'avis de son Confesseur, & lui persuada de lui en faire incessamment des excuses.

La premiere fois que la Demoiselle Cadiere fût se confesser, le Pere Girard ne manqua pas de lui faire comprendre qu'elle avoit commis en cela un peché énorme, & que pour l'expier, il iroit le lendemain à sa chambre lui imposer une penitence proportionnée à la qualité de l'offense. Le lendemain il va chez elle, commence à se fermer seul à clef avec elle dans sa chambre ; là il la fait mettre à genoux devant lui, & tenant une discipline à la main, il lui dit : *La justice de Dieu exige de vous, que puis-que vous avez refusé d'être revêtuë de ses dons, vous soyez mise à nud : vous meriteriez que toute la terre fût temoin de ceci, cependant le bon Dieu veut bien qu'il n'y ait que cette muraille, & moi qui ne puis pas parler, qui en soit témoin ; mais auparavant jurez-moi fidelité que vous me garderez un secret inviolable ; car mon enfant si vous veniez à en parler, vous me perdriez.* Comme elle lui promit le secret, dans l'ignorance de ce qu'il vouloit faire, il lui ordonna de monter sur son lit, & après lui avoir mis un carreau sous ses coudes pour la relever il lui donna quelques coups de discipline, & après avoir baisé le même endroit où il venoit de les donner, il la fit lever du lit, mettre encore à genoux devant lui, & lui dit que le bon Dieu n'étoit pas content, & qu'il faloit qu'elle se mît à nud devant lui, & comme cela l'effraya, elle poussa un grand cri & tomba en pamoison ; d'abord qu'elle en fut revenuë, il la fit deshabiller, mettre en chemise & l'embrassa. Le recit du surplus n'est plus du ministere de la langue, mais seulement de la pensée, *concipe animo.*

Enfin le Pere Girard agissoit en maître si absolu dans la chambre de sa Pénitente, qu'un jour qu'elle étoit au lit, y ayant trouvé son frere le Dominicain, sur le champ & sans autre façon, il le prend par la main, le met hors de la chambre, & lui ferme la porte au nez, & comme le Pere Cadiere se plaignoit d'un pareil procedé, sa mere trop prévenuë en faveur du Pere Girard, qu'elle regardoit comme le Sanctificateur de sa fille, imposa silence à son fils, & le fit sortir de sa maison.

Toutes ces visites si frequentes que cet ardent Directeur faisoit à sa Devote depuis le mois de Decembre & qu'il avoit ensuite renduës journalieres, & lors desquelles, il s'enfermoit à clef dans sa chambre seul avec elle, procurerent à celle-ci une cessation de ces marques exclusives de grossesse pendant trois mois, ce qui emportoit deux supressions de ces marques. Le Directeur qui en fut effrayé persuada à sa Pénitente qu'elle avoit le sang allumé & que pour le temperer il falloit que pendant huit jours, elle bût une écuelle d'eau dans laquelle il mettroit un peu d'une poudre rafraichissante. Elle qui n'entendoit rien dans tout cela, lui répondit qu'elle feroit tout ce qu'il voudroit ; & ce charitable Directeur alloit tous les jours prendre lui-même à la cuisine une écuelle d'eau, qu'il ne vouloit pas laisser porter, ni toucher à la Servante, ni même à la mere de la Demoiselle Cadiere, & après y avoir mis un peu de poudre dedans, qui donnoit à l'eau une couleur rougeatre : il la lui faisoit prendre lui-même. Ce breuvage réiteré pendant environ huit jours, lui causa une grande perte de sang, qui lui dura plusieurs jours, & lui fit faire une petite masse de chair ou de sang caillé ; & un de ces jours qu'elle avoit fait un plein pot de sang, le Pere Girard fut pendant deux fois examiner près la fenêtre avec des yeux curieux ce qu'il y avoit dedans ; & lorsque la Demoiselle Cadiere dit à la servante de le jetter par la fenêtre, & qu'elle le portoit, il s'emporta contre sa Pénitente de ce qu'elle confioit un pareil secret à sa servante, & lui dit, *quelle imprudence !*

Comme cela avoit extrêmement affoibli la Demoiselle Cadiere, & que sa mere vouloit la faire visiter par des Medecins & des Chirurgiens pour sçavoir d'où procedoit cette incommodité, le Pere Girard l'en dissuada, en lui disant que c'étoient là des maux Divins qui n'étoient pas de leur ressort, parce qu'il craignoit qu'ils ne decouvrissent ce mistere ; & soit pour éviter encore mieux qu'elle ne fût visitée par des Medecins ou des Chirurgiens, soit par d'autres vûës, il persuada à cette fille d'aller se faire Religieuse dans le Couvent de Sainte Claire du lieu d'Ollioules, & cela à l'insçû de ses parens : voici la Lettre qu'il écrivit le 22. Mai 1730. à la Dame Abbesse de ce Couvent, pour lui demander une place pour elle.

M*ADAME*,

Depuis deux ans que la divine Providence m'a envoyé à Toulon, elle m'a remis entre les mains la conduite d'une ame qu'elle apelle aujourd'hui à vôtre Communauté, & pour laquelle je vous demande une place ; c'est Mademoiselle Catherine Cadiere, qui vous est un peu connuë, à ce que je lui ai oüi dire ; c'est ce qui fait que je ne vous dirai rien de particulier sur le caractere de son esprit, de son humeur & de sa vertu: je puis vous assurer seulement que ce n'est pas une ame commune, & que nôtre Seigneur a une prédilection singuliere pour elle; sa santé sera telle que le bon Dieu la veut, pour accomplir tous les desseins qu'il a sur cette Demoiselle chez vous; & je vous repond de la bonté & de la solidité de sa vocation, parce que j'en ai des preuves incontestables: vous accorderez une grande grace à cette fille en la prénant chez vous. Je suis en même tems persuadé que Dieu ne peut gueres en cette matiere accorder à vôtre maison des plus grandes graces, qu'en vous accordant, & vous envoyant un tel sujet. Vous le connoîtrez aisément en peu de tems. Je vous suplie, Madame, de garder absolument à l'égard de vôtre Communauté, le secret sur ce que j'ai l'honneur de vous écrire, parce qu'il seroit difficile que le bruit de cette affaire ne fût pas bientôt repandu, & que venant aux oreilles des parens de la Demoiselle, ils feroient tous les efforts imaginables pour la retenir encore; quoique je sçache que quand une fois elle sera partie, ils se soumettront à la très-sainte volonté de Dieu. J'attens incessamment vôtre reponse, & je me promets de vôtre pieté, de vôtre zele & de vôtre prudence, qu'elle sera favorable. J'ai l'honneur d'être avec un profond respect, Madame, vôtre très-humble & très-obéissant Serviteur, Girard, Recteur des Jésuites.

La Dame Abbesse, qui connoissoit par elle-même la vertu de la Demoiselle Cadiere, écrivit au P. Girard qu'elle étoit ravie de lui donner une place; mais que la seule peine que cela lui faisoit, étoit la repugnance des parens. Comme il est très-persuasif, il vint à bout de le leur persuader, & le 6. Juin suivant il envoya la Demoiselle Cadiere à ce Couvent, & l'accompagna d'une lettre du 5. pour la Dame Abbesse, dont voici la teneur:

MADAME,

Voilà l'ame que Jesus-Christ a reservé à vôtre Monastere, & que je vous envoye: je la remets volontiers en des mains telles que les vôtres; & je vous rends mille graces de ce que vous voulez bien la recevoir. Elle est, par la grande misericorde de Dieu, dans d'excellentes dispositions; mais ne les eût-elle pas, desormais qu'elle va être sous vos yeux & vivre dans vôtre dependance, elle les acquerroit bien-tôt; vos exemples, Madame, vos instructions, vos ordres, & les prieres que vous aurez la bonté de faire pour elle, la rendront telle qu'elle doit être pour accomplir les desseins de Nôtre Seigneur sur sa sanctification, & pour marcher fidellement sur les traces des dignes Religieuses, à la tête desquelles la divine Providence vous a si sagement placée.

Je n'ose pas vous demander dans ces commencemens de vouloir bien accorder à Mademoiselle Cadiere la sainte Communion pour tous les jours: peut-être connoîtrez-vous bientôt que Dieu le veut, & qu'il ne la trouve pas tout à fait indigne de cette grace singuliere; mais je vous suplie dumoins de daigner la faire communier un peu frequemment. Une seconde faveur que je prens la liberté de vous demander, c'est que cette Demoiselle puisse m'écrire sans que ses lettres soient lûës, & que mes reponses aillent de même à elle sans être vûës; ces lettres de part & d'autre ne rouleront précisément que sur les dispositions de son ame, & l'économie de son interieur. J'aurai l'honneur dans une quinzaine de jours d'aller moi-même vous recommander cette chere fille, de me recommander aussi à vos prieres, & de vous assûrer de ma reconnoissance pour vos bontez, & du profond respect avec lequel je suis, Madame, vôtre très-humble & très-obéissant Serviteur, Girard Jesuite.

Lorsque le Pere Girard par ces deux lettres prodiguoit tant d'éloges à la Demoiselle Cadiere, & la donnoit pour une sainte, il avoit deux objets, l'un étoit d'avoir la gloire d'être un faiseur de Saintes, & l'autre étoit un interêt de cœur, de se rendre plus facile l'accès auprès de sa chere Devote, & d'éloigner encore plus les soupçons qui naissoient naturellement de ses empressemens & de ses assiduitez. Mais avant que de la laisser entrer dans ce Monastere, il capitule avec l'Abbesse, & stipule que le commerce de lettres qu'il y aura entre lui & sa Penitente sera un mistere, dans lequel l'Abbesse n'entrera point, & pour persuader à celle-ci de consentir à cette condition si contraire à la Regle, il l'assûre que ces lettres ne rouleront que sur l'économie de son salut: *Ces lettres de part & d'autre ne rouleront précisément que sur les dispositions de son ame, & l'économie de son interieur.* Sa Lettre du 22. Juillet suivant, qui est la seule qui nous est restée, prouve bien le contraire; & si ces lettres n'avoient dû renfermer rien que d'édifiant, auroit-il pris la precaution de les soustraire aux yeux de l'Abbesse?

Le Pere Girard fut bientôt à Ollioules pour voir sa chere Devote, & la premiere fois qu'il y fut, il debuta par demander à la Dame Abbesse, en presence de la Dame de Lescot Maîtresse des Novices, si la Demoiselle Cadiere n'avoit point de perte de sang : il craignoit que les breuvages qu'il lui avoit donné n'eussent pas dissipé sa grossesse. Cette demande surprit avec raison l'Abbesse & la Maîtresse des Novices ; elle étoit en effet bien extraordinaire par raport à la qualité de toutes ces personnes ; & comme elles resterent interdites, il leur ajoûta que la Demoiselle Cadiere, lorsqu'elle étoit à sa maison, avoit perdu plus de vingt livres de sang.

La Querellante a resté dans ce Couvent depuis le 6. Juin 1730. jusqu'au 17. Septembre suivant qu'elle en sortit, & pendant tout ce tems-là, il y a eu un commerce continuel de lettres entre eux ; & celles qu'il lui écrivoit, à la réserve de deux ou trois, qui n'étoient que pour lui faire montre, & qui ne contenoient qu'une vaine morale, n'étoient pas des lettres d'un Directeur, mais d'un amant le plus passionné ; & comme il en connoissoit tout le venin, il n'avoit garde de les signer. Pour prouver ce fait si essentiel, il suffit de rapporter ici la teneur de sa lettre du 22. Juillet 1730.

Voici, ma chere enfant, la troisiéme lettre en trois jours ; tâchez de m'obtenir du tems. Dieu soit loüé, bientôt peut-être ne pourrai-je plus rien faire, que pour celle à qui j'écris : toujours sçai-je bien que je la porte par tout, & qu'elle est toûjours avec moi, quoique je parle & que j'agisse avec d'autres personnes ; je rends mille graces à nôtre Seigneur de la continuation de ses misericordes : pour y répondre, ma chere fille, oubliez-vous, & laissez faire : ces deux mots renferment la plus sublime disposition. Ne dites mot sur tout ce que vous a recommandé Monseigneur, nous verrons nous deux ce qu'on peut faire & dire ; il est arrivé ce matin, & je lui ai déja parlé de vous par occasion : je ne crois pas qu'il aille à Ollioules ; je lui ai fait entendre que cet éclat ne convenoit pas : je pourrai peut-être par occasion lui parler de la Sainte Messe. Le grand Vicaire & le Pere de Sabatier iront aparemment lundi vous voir ; ce dernier, après lui avoir parlé, m'a fait entendre qu'il ne vous demanderoit rien ; mais si par hazard ou l'un ou l'autre s'avisoit de le faire, & même au nom de l'Evèque, ou souhaitoit de voir quelque chose, vous n'avez pour toute reponse qu'à dire qu'il vous est étroitement deffendu de parler & d'agir. Mangez gras comme on le veut, je vous l'ai écrit : oüi, ma chere enfant, j'ai besoin d'assurance, vous n'en serez pas la victime ; n'ayez point de volontez & n'écoutez point de répugnance ; vous obéirez en tout comme ma petite fille, qui ne trouve rien de difficile quand c'est son pere qui demande. J'ai une grande faim de vous revoir & de tout voir ; vous sçavez que je ne demande que mon bien, & il y a long-tems que je n'ai rien vû qu'à demi. Je vous fatiguerai, eh bien, ne me fatiguez-vous pas aussi ? il est juste que tout aille de moitié ; je compte bien qu'enfin vous deviendrez sage : tant de graces & d'avis ne demeureront pas inutiles. Je suis ravi que vous soyez contente du Pere Gardien, je le recommanderai au bon Dieu : n'oubliez pas de vôtre côté ma malade, ma sœur, & les autres personnes que je vous ai recommandées ; Mademoiselle Guyol vous trouva hier mourante, & vôtre frere vient de me dire que vous vous portiez à merveille : vous êtes une inconstante ; ce seroit bien pis si vous deveniez gourmande ; patience. Je voulois sçavoir si le maigre se suporteroit ; le tems nous instruira ; commencez toûjours ces jours d'abstinence par le maigre ; s'il ne passe pas, ou s'il revient d'abord, faites aussi d'abord gras, suivez cette regle ; nous découvrirons la sainte volonté de nôtre Maître. S'il faut sortir, c'est une nouvelle, & une grande peine pour vous & pour moi, mais le bon Maître soit beni ! nous serons soumis, & nous consentirons à tout. Bon soir, ma chere enfant, pourrez-vous déchifrer mon grifonage ? comptez bien, cette lettre-ci vous dit que vous venez toûjours après moi, & il est dangereux que vous ne m'atteigniez pas, à moins que vous n'en écriviez deux par jour. Adieu ma fille, priez pour vôtre pere, pour vôtre frere, pour vôtre ami, pour vôtre fils, & pour vôtre serviteur. Voilà bien de titres pour interesser un bon cœur.

Ce Directeur avoit si fort fasciné l'esprit de toute la famille de Cadiere, & les avoit si infatué de sa prétenduë sainteté & de celle de sa Penitente, qu'ils ne croyoient pas qu'il fût possible qu'il se passât rien de mauvais entre eux ; & comme celle-ci ne sçavoit gueres bien écrire, & qu'elle venoit seulement de l'aprendre, ses freres, le Jacobin & l'Ecclesiastique avoient la complaisance & la simplicité d'écrire sous son dictamen toutes ses lettres, & encore le mémoire du Carême, comme il est prouvé par la procedure. Le Pere Girard ne l'ignoroit pas, puisque outre la difference qu'il y a entre le caractere d'une fille ou d'une femme, & celui d'un homme ; d'ailleurs celui de l'Abbé Cadiere, qui faisoit tous ces mis au net, & qui étudioit alors aux Jesuites, dont le Pere Girard étoit Recteur, ne lui étoit pas inconnu.

Le Pere Girard qui étoit accoûtumé à voir sa dévote dans sa chambre en toute liberté, s'aperçût bien-tôt de la gêne de la grille. Pour tâcher de l'adoucir il persuada à l'Abbesse de demander pour lui la permission de confesser la Demoiselle Cadiere, & d'entrer dans le Couvent lorsqu'elle seroit malade, se réservant d'en faire naître bientôt les occasions ; & craignant que l'Abbesse ne la demandât pas assez tôt, il la demanda lui-même au Pere Camelin, Provincial des Observantins, dont le Monastere des Clairistes est dépendant, tant il étoit impatient de l'obtenir : d'abord que
l'Abbesse

l'Abbesse la lui eut obtenuë, il lui en fit son remerciment par sa lettre du 26. Juin; il lui marqua que de son côté il ne s'étoit pas negligé, & que le Pere Camelin la lui avoit accordée, & il l'assûra que cette singularité ne tireroit point à consequence, ni ne derangeroit en rien la regularité du Couvent; voici les termes de cette lettre.

Madame,

Mademoiselle Cadiere me dit avant-hier à son retour d'Ollioules, que vous aviez obtenu pour moi le pouvoir de confesser sa fille, & d'entrer dans le Monastere, quand elle seroit malade; je vous en rends mille graces, Madame; je ne laissai pas hier de demander moi-même au R. P. Camelin la ratification de cette grace, & il me l'accorda avec beaucoup de marques de bonté & de politesse. J'ai l'honneur de vous en donner avis & vous comprendrez encore mieux dans la suite les grandes raisons que j'ai eu de souhaiter cette espece de singularité, qui ne tirera pourtant jamais à consequence, & qui assûrément ne derangera rien dans l'ordre & la regularité de vôtre Maison; & il finit par charger l'Abbesse de faire ses complimens à sa chere fille, qu'il lui recommande de tout son cœur. *Mes complimens à nôtre fille que je vous recommande toûjours de tout mon cœur.*

Le 6, Juillet, qui étoit le premier Jeudy de ce mois, la Demoiselle Cadiere prédit que le lendemain il lui arriveroit des choses extraordinaires, ce qui excita la curiosité de toutes les Religieuses qui l'entendirent parler ainsi, & sur tout de la Dame de Rimbaud Religieuse, & de la Dame de Lescot Maîtresse des Novices, que le P. Girard avoit chargé de mettre par écrit tout ce qui arriveroit d'extraordinaire à sa Pénitente, pour servir un jour, disoit-il, à l'édification du public. Le lendemain matin sur les 4. à 5. heures ces deux Religieuses furent à la chambre de la Demoiselle Cadiere: elles la trouverent immobile dans son lit, ayant une couronne sanglante au tour de sa tête, tout son visage couvert de sang en *Ecce Homo*, & ses mains aussi degoutantes de sang; elles en avertirent dabord l'Abbesse, qui y accourut aussi bien que toute la Communauté, & la virent dans cet état, dont elles furent si frapées, qu'elles crurent que c'étoit une merveille de la grace; & ce fut alors qu'on vit entrer une portion d'hostie dans sa bouche sans voir aucune main qui l'y portât. Sur le champ l'Abbesse depêcha un porteur exprès au Pere Girard; mais celui-ci, sans l'avoir reçû, arriva au Couvent d'abord après le départ de ce porteur. On lui demanda s'il avoit rencontré le porteur qu'on lui avoit envoyé, il repondit que non, mais que le matin en disant sa Messe son bon Ange l'avoit averti de ce qui se passoit; on lui dit la transfiguration que la Demoiselle Cadiere avoit eu, & qui avoit duré deux heures: on lui en fit la peinture, & on lui ajoûta qu'elle avoit beaucoup souffert: il repondit que c'étoit là l'impression du doigt de Dieu; qu'il falloit conserver soigneusement l'eau dont on lui avoit lavé le visage, & qui étoit mêlée de son sang, qu'elle produiroit ensuite des effets miraculeux, & il ajoûta que la Demoiselle Cadiere avoit déja fait plusieurs miracles à Toulon; & comme une Religieuse lui dit, mon Pere, nous l'avons vûë communier miraculeusement dans le tems de cette transfiguration, il lui repondit *ne voulez-vous pas que je le sçache puisque c'est moi-même qui l'ai communiée.* Et comment pouvez-vous l'avoir fait, reprit la Religieuse, puisque vous étiez à Toulon? *Ne sçavez-vous pas qu'il y a de transports?* repartit le Pere Girard, & en entrant dans la chambre de la Demoiselle Cadiere, qui étoit alors revenuë dans son état naturel, il lui dit d'un ton badin, *petite gourmande viendrez-vous toûjours prendre la moitié de la portion de vôtre Pere?*

Ce même matin depuis neuf heures jusqu'à midi le Pere Girard demeura enfermé dans la chambre de la Demoiselle Cadiere, qu'il avoit fermé à guichet en dedans; & ce ne fut qu'après midi qu'il trouva bon de tirer le guichet, & de laisser la porte seulement poussée, & que l'Abbesse & quelques autres Religieuses y entrerent successivement, & il continua d'y rester jusqu'à 4. ou 5. heures du soir.

La Dame Abbesse qui aparemment n'avoit pas été édifiée de voir ce Directeur enfermé tout seul pendant trois heures dans la chambre de sa Devote, ne voulut plus lui en permettre l'entrée, & il se vit par là encore reduit à la gêne de la grille. L'amour est ingenieux; il le fit apercevoir qu'il y avoit un petit carré de la grille du parloir qui pouvoit s'ouvrir, & avec un petit couteau qu'il portoit, il aprit à sa Devote à en faire l'ouverture, & par là il passoit, ou lui faisoit passer la tête pour la baiser, & pour lui donner quelque fois d'une discipline: de combien de libertez criminelles ce parloir n'a-t'il pas été le témoin? Et il avoit étendu si loin les droits de l'amour, qu'il avoit quelque fois employé au même usage, l'ouverture de la grille entre le chœur & le sanctuaire qui est destiné à un usage si saint. Quelle abomination!

Ce parloir avoit pour lui tant d'attraits, qu'il y alloit de Toulon, deux ou trois fois par semaine, & y passoit seul avec sa Devote des jours entiers; il y dîna même un jour avec elle , & comme la Tourriere y avoit mis pour lui la table un peu éloignée de la grille , il lui dit brusquement, *voulez-vous me feparer de ma chere fille ?* & prenant lui-même la table, il la pouffa contre la grille ; & c'eft ce jour qu'il fut furpris pendant le repas, tenant & ferrant la main de fa Devote dans la fienne. Voilà pourquoi il n'avoit pas voulu que la table fût fi éloignée la grille ; & un jour que le Pere Girard arriva dans le tems qu'on avoit commencé Vêpres , ayant dabord demandé fa Devote, & l'Abbeffe n'ayant pas trouvé bon qu'elle quitat Vêpres pour l'aller voir au parloir , il en marqua fon inquietude , & en temoigna même fon reffentiment à l'Abbeffe par fes froideurs.

Pendant le féjour que la Demoifelle Cadiere a fait dans ce Couvent, elle a eu plufieurs accidens d'obfeffion, des extafes très-frequens à toutes heures & en tous lieux : elle fçavoit le fecret des confciences ; & il s'eft paffé des faits fi extraordinaires & fi au deffus de l'ordre naturel des chofes, que le bruit qui s'en étoit repandu à Toulon , & dans tout le voifinage , lui avoit acquis le titre de Sainte d'Ollioules.

Cependant le Pere Girard refolut d'envoyer au Couvent des Chartreufes de Premole, ou de Salette près Lyon, fa Devote , pour s'en défaire : c'eft dans ce fens qu'il avoit dit fouvent au Couvent d'Ollioules, qu'elle avoit affez édifié là , & qu'il faloit qu'elle allât édifier ailleurs, comme il eft prouvé par la procedure : aparemment que alors fon ambition avoit vaincu fa tendreffe dans fon cœur ; en effet fi elle étoit morte alors , il avoit la gloire d'avoir acquis une Sainte à la Societé , fans y avoir pourtant rien perdu de fon côté.

Mr l'Evêque de Toulon s'alarma à cette nouvelle , & fe plaignit hautement contre le Pere Girard, de ce qu'il vouloit tranfporter ailleurs un fruit de fainteté qui étoit né dans fon Diocefe, & qui lui apartenoit à fi jufte titre. Il fit l'honneur à la Demoifelle Cadiere de lui écrire dabord une lettre, par laquelle il lui deffendoit non feulement d'aller où le Pere Girard vouloit l'envoyer, mais encore de fe plus confeffer à lui , & lui ordonna de fortir du Couvent & de retourner auprès de fes parens , & quelques jours après il emprunta un phaëton qu'il envoya à Ollioules avec l'Abbé Camerle, fon Aumônier, & le Pere Cadiere, pour la prendre , & on la mena à la baftide du Sieur l'auque fituée au terroir de Toulon.

Dabord que le Pere Girard fçût tout ce qui fe paffoit, & les difpofitions de M. l'Evêque de Toulon à cet égard, avant que la Demoifelle Cadiere fortît du Couvent, craignant que fi les Lettres qu'il lui avoit écrites venoient à paroître, elles ne renfermaffent une preuve complette du miftere d'amour & d'iniquité qu'il y avoit entre lui & fa Pénitente, il refolut de tâcher de les ratraper , & pour cela il lui envoya la Gravier, qui eft une autre de fes Pénitentes, à lui très affidée & affectionnée , pour fe faire remettre toutes les Lettres qu'il lui avoit écrites. La Demoifelle Cadiere , par un effet de fa bonne foi & de fa fimplicité, lui remit non feulement toutes les Lettres du Pere Girard, mais encore tous les autres papiers qu'elle avoit dans fa caffete, & même les minutes de fes propres lettres ; mais Dieu qui ne vouloit pas que tant de crimes qui bleffent fi fort la Sainteté de fa Religion demeuraffent impunis, permit que la Lettre du 22. Juillet ne fe trouvât point dans fa caffette où étoient toutes les autres.

Le Pere Girard a trouvé bon enfuite de dire que c'étoit lui-même qui avoit refufé de continuer à diriger la Demoifelle Cadiere, parce qu'il avoit decouvert fa fourberie ; mais pour prouver le contraire & que c'eft la Demoifelle Cadiere qui a bien voulu le quitter au grand regret de ce premier, nous n'avons qu'à raporter ici la teneur de fa Lettre du 15. Septembre 1730. écrite à la Demoifelle Cadiere deux jours avant la fortie du Couvent, qui contient les derniers adieux de fa Direction.

Hier au foir à mon retour on me remit vôtre derniere Lettre , qui ne renfermoit autre chofe que l'invitation d'aller à Ollioules. Ce que vous me dites pourtant de plus particulier dans vôtre entretien, ma chere fille , du moins ce qui me le parut , fut l'article d'un Confeffeur , fur le befoin duquel vous infiftates plus d'une fois. J'ai fait mes réflexions là-deffus , & comme d'un côté vôtre demande eft jufte & raifonnable , parce que je ne fuis pas affez libre pour aller régulierement vous entendre à la Campagne , où vous penfez à vous rendre ; que d'un autre côté il eft à craindre que deux Confeffeurs ne s'embarraffent l'un l'autre ; qu'ils ne vous gênent fucceffivement l'un ou l'autre ; qu'ils ne vous jettent dans de fâcheufes incertitudes s'ils fe trouvent dans les occafions, comme il eft aifé , de differens avis l'un & l'autre ; qu'enfin il y a aparence qu'il faudroit bien-tot qu'ils fe retiraffent l'un ou l'autre : après avoir confulté le bon Dieu, je prend , comme il me paroît le plus à propos , le parti de ceder la place , & fans bruit , & de laiffer le champ libre à celui que vous choifirez , ou que vous avez déja choifi. Je ne dirai fur ce changement autre chofe à quiconque pourroit m'en parler, finon que je n'avois pas affez de tems pour vous aller confeffer regulierement à la baftide ; & vous pourrez vous même vous en tenir à cette unique raifon. Cela n'empêchera point que fi vous croyez dans la fuite mes avis utiles ou neceſſaires, vous ne puiſſiez en toute liberté vous adreſſer à moi, & que je ne ſois toûjours de ma part diſpoſé à vous rendre tous les petits ſervices dont je ſerai capable; cela empêchera encore moins que je ne continuë à ſuplier nôtre Seigneur de vous combler de ſes plus précieuſes benedictions, & de vous faire la grace d'accomplir fidelement & conſtament tous ſes deſſeins. J'eſpere qu'en des meilleurs mains vous irez plus ſûrement & plus vîte, & que ſi j'ai fait des fautes à vôtre égard, vous vous ſouviendrez pourtant toûjours que j'avois quelque bonne volonté de vous aider, & que cette penſée vous engagera à prier de vôtre côté le bon Dieu pour moi. Je vous renvoye deux livres qui ſont à vous, & que j'avois retiré des mains étrangeres où vous les aviez laiſſez. Je ſuis, & ſerai toûjours tout-à-vous dans le ſacré cœur de J. C. GIRARD, Jeſuite.

Lorſque M. l'Evêque eut tiré la Demoiſelle Cadiere de la Direction du Pere Girard, il en chargea le Pere Nicolas, qui venoit ſeulement d'être fait Prieur du Couvent des Carmes déchauſſez de Toulon, & lui dit, je vous charge de la Direction de la Sainte d'Ollioules, & ce fut de l'ordre de M. l'Evêque qu'il fut la voir à la Baſtide du ſieur Pauque pour la confeſſer. Comme le Pere Girard lui avoit perſuadé qu'il n'y avoit point de crime dans tout ce qui s'étoit paſſé avec elle, elle n'en parloit pas ſeulement à ſon nouveau Directeur; mais comme on lui voyoit de tems en tems des tranſports pour ce Jeſuite, & que deux ou trois fois elle avoit failli à s'échaper pour l'aller trouver, même de nuit, au Couvent de Toulon; le Pere Carme comprit par là qu'il falloit qu'il ſe fût paſſé entre eux quelque choſe d'extraordinaire, & qu'elle fût liée à ſon ancien Confeſſeur par quelque charme.

Alors ce nouveau Directeur ſonda la conſcience de la Demoiſelle Cadiere; elle lui avoüa ingenuëment tous les faits que nous avons détaillez, & tout ce qui s'étoit paſſé entre elle & le Pere Girard, & il vit, avec étonnement, que tout ce qu'on avoit regardé juſques-là comme des Prodiges de la Grace, n'étoit que des illuſions & des preſtiges du démon, & que tout ce qu'il y avoit de réel étoit une complication de crimes horribles de la part du Pere Girard.

M. l'Evêque qui regardoit depuis quelque tems la Demoiſelle Cadiere comme une Sainte, la fut voir à la Baſtide où elle étoit, & l'ayant interrogée lui-même en particulier, il aprit avec horreur de la bouche de cette fille toutes les iniquitez de ſon précedent Directeur. Alors étant entré dans une juſte & ſainte fureur contre lui, il dit qu'il vouloit chaſſer de ſon Bercail ce Loup raviſſant; mais la Demoiſelle Cadiere ſe jetta à ſes pieds fondant en larmes, & le pria inſtamment de ne faire pas un éclat qui devoit neceſſairement la diffamer & la couvrir d'oprobre. Son frere le Dominicain qui étoit préſent, fit la même démarche, & lui demanda la même grace pour l'honneur de la famille, & ce Prélat charitable leur donna ſa parole à tous deux, que tout cela demeureroit dans les ténebres de l'oubli, & ne ſeroit pas divulgué; & comme il aprit que la Demoiſelle Cadiere avoit encore des accidens d'obſeſſion, il lui fit lui-même un Exorciſme, & chargea le Prieur des Carmes, non ſeulement de continuer de l'exorciſer & de la diriger, mais encore d'autres Penitentes du Pere Girard qu'on pourroit tirer de ſi mauvaiſes mains. C'eſt à l'effet de ces Exorciſmes, & d'une Confeſſion generale que la Demoiſelle Cadiere fit au Prieur des Carmes, qu'elle doit la délivrance de ces accidens d'obſeſſion, la ceſſation de toutes ces illuſions, & de tous ces preſtiges, & même de ſes Stigmates qui ſe fermerent alors, quoique les cicatrices en ſoient encore ſi aparentes & ſi marquées ſur ſes pieds & à ſon côté.

Cependant le Pere de Sabatier Jeſuite, qui par mille raiſons, dont la moindre eſt celle d'avoir été le Confeſſeur de la Demoiſelle Cadiere, auroit dû ſouhaiter plus que tout autre que ce miſtere de honte demeurât enſeveli dans un oubli éternel, perſuada à M. l'Evêque d'en faire un éclat. En vain tout ce qu'il y a de plus éminent & de plus qualifié à Toulon s'employa auprès de ce Prélat pour l'en détourner, le Pere de Sabatier s'emporta, & à ſa perſuaſion M. l'Evêque de Toulon commença dès le 10. Novembre 1730. par interdire le Pere Cadiere & le Prieur des Carmes, & le 18. du même mois au matin, il envoya chez la Demoiſelle Cadiere ſon Official, ſon Promoteur & ſon Greffier, aſſiſtez de deux Curez, pour l'interroger juridiquement ſur tout ce qui s'étoit paſſé entre elle & le Pere Girard.

La Demoiſelle Cadiere fut ſans doute bien ſurpriſe de voir un pareil accedit chez elle. L'Official lui en dit le ſujet, elle refuſe d'abord de répondre, mais enfin forcée par la religion du ſerment à parler, elle préfere genereuſement l'interêt de la religion & du public, à celui de ſon honneur & à ſon repos, & déclare par ſes réponſes tout ce miſtere qu'elle avoit caché juſques-là avec tant de ſoin: & comme elle n'étoit pas préparée à faire une pareille démarche, elle jetta pêle mêle dans ſes réponſes tous les faits ſans aucun ordre & date, & ſans aucun arrangement; ce qui eſt tout à la fois la preuve de ſa ſurpriſe, & celle de ſon ingenuité. Il y a quelques faits que l'Official qui a toûjours agi avec tant de partialité & d'affection, n'a pas rédigé avec exactitude,

& qu'il a alterez. Nous n'en faifons pas ici le détail, foit parce que ce n'eft pas là le fondement de nôtre procedure, mais bien l'expofition dont nous parlerons dans un moment ; foit encore plus, parce que nous raporterons fon expofition qui en contient une
hiftoire plus exacte. N'eft-il pas ridicule de dire que c'eft ici un complot pour diffamer
le Pere Girard, puifque ce n'eft pas la Demoifelle Cadiere qui a fait volontairement
cet éclat ; & qu'on l'y a forcée malgré elle par l'autorité de la Juftice & la force du
ferment?

L'Apellante qui fe vit par là deshonnorée, crût qu'elle n'avoit plus rien à ménager,
& que puifque fon honneur étoit perdu, il étoit jufte de pourfuivre la vengeance de tant
de crimes que fon Directeur avoit commis fur elle ; & pour cela le même jour elle
en porta fa plainte au Lieutenant Criminel au Siége de Toulon : comme elle eft tout
le fondement de ce grand Procès, on en va raporter ici la teneur.

*CEjourd'hui 18. Novembre 1730. Sçavoir faifons, Nous Jofeph Martelly Chau-
tard, Confeiller du Roi, Lieutenant General Civil, Criminel, & des Soumiffions
en la Senechauffée de cette Ville de Toulon, qu'en confequence de nôtre Decret
mis au bas de nôtre Comparant à nous tenu cejourd'hui par Catherine Cadiere
fille à feu Jofeph, Marchand dudit Toulon, nous nous ferions portez en compagnie du Commis du Greffier fouffigné, & d'Augias Huiffier, dans la maifon
d'Elifabeth Pomet veuve dudit Cadiere, fa mere, pour prendre fon expofition,
& y étant nous ferions montez au premier étage de ladite maifon fituée à la rüe
de l'Hôpital, où nous aurions trouvé ladite Catherine Cadiere dans la falle d'icelle
vifant à la rüe dudit Hôpital du côté du Septentrion, laquelle moyennant ferment qu'elle a prêté entre nos mains, après avoir declaré être âgée de 21. ans nous
a dit & expofé qu'elle a eu pour premier Directeur Meffire Giraud Vicaire de
l'Eglife Cathedrale de cette Ville ; après lui elle fut dirigée par le Pere Maurin Carme Dechauffé, parcequ'elle avoit eu vocation de fe faire Carmelite, mais
ledit Pere Maurin étant tombé malade d'une longue maladie, & atteint, à ce que
l'on difoit d'une defcente de boyaux, elle prit pour Confeffeur le Pere Sabatier
Jefuite, & elle pouvoit être âgée alors de quinze à feize ans ; elle fut aux
Jefuites, pour fe confeffer du Pere Sabatier ; mais on lui dit qu'il n'étoit point
encore remis de fa maladie, & qu'il ne pouvoit point encore confeffer ; cela obligea la Depofante de prendre pour Directeur Meffire Doulone Prêtre, & Secon-
daire de la Parroiffe faint Loüis, & comme ledit Meffire Doulone étoit fort occupé à la Parroiffe, & qu'il la faifoit refter long tems pour pouvoir la confeffer, fes parens à la maifon la gronderent, parce qu'elle leur étoit neceffaire pour les
affaires de la boutique & de la maifon, en ayant même reçú des coups à ce fujet ;
& comme dans ce tems là Meffire François Cadiere Ecclefiaftique, fon frere étoit
au Seminaire des Peres Jefuites, il lui indiqua le Pere Girard Recteur, lequel fut enfuite fon Directeur pendant deux ans & demi, s'étant confeffée pendant environ un an de ce Pere fans qu'il lui foit rien arrivé d'extraordinaire,
excepté qu'il s'informa de la condition de l'Expofante, & quels étoient fes parens. Depuis lors un Frere Jacobin qu'elle a ayant donné un livre à lire à la
Demoifelle Mariane Sibon femme du Sieur Saurin Marchand, lequel livre parloit contre les Jefuites, ladite Sibon le porta à fa fœur Saurin, Religieufe de
Sainte Urfule, laquelle remit le livre entre les mains dudit Pere Sabatier,
lequel s'en plaignit à Mr l'Evêque, qui vouloit faire venir une Lettre de Cachet
contre fon Frere Jacobin, lequel fe mit en mouvement pour fe juftifier ; elle fut
auffi en parler au Pere Girard Recteur, & fon Directeur, lequel lui dit que,
fans la confideration qu'il avoit pour elle Expofante, il auroit eu une Lettre de
Cachet, & la pria de ne plus parler de cette affaire, lui ayant demande comment elle fe portoit depuis la maladie qu'elle avoit eu pendant quinze jours des
fievres d'accès, & lui fit des reproches de ce qu'elle ne l'avoit pas envoyé prendre ; l'Expofante lui repondit quelle ne lui avoit pas voulu donner cette peine;
à quoi le Pere Girard repondit, vous êtes une inocente, c'eft une peine que je
prends volontiers ; Ne voulez-vous pas vous livrer une fois à moi, & s'étant
baiffé & aproché de fa bouche tête à tête, il lui jetta un foufle très-confidera-
ble, lequel fit une grande impreffion dans elle-même, & dès-lors elle fe fentit
beaucoup d'amour & d'inclination pour ce Pere & elle lui dit en même-tems*

qu'elle

qu'elle se livreroit à lui, ajoûtant que depuis environ six mois auparavant il lui disoit, ne voulez-vous pas vous livrer à moi, dans le Confessionnal. Je sçai que le bon Dieu demande quelque chose de vous, il a des grands desseins à accomplir sur vous-même : & l'Exposante lui ayant demandé comment il pouvoit le sçavoir, led. Pere Girard lui repondit qu'il le sçavait, & qu'il le sentoit depuis long-tems ; & depuis lors il lui ordonna de communier tous les jours, mais de le faire dans des Eglises differentes, afin qu'on ne s'aperçût pas de ses frequentes Communions, & elle avoit alors plusieurs visions qui lui prenoient tantôt à l'Eglise, tantôt à la maison & tantôt à la ruë ; ces visions consistoient principalement à voir la gloire celeste, & le Ciel avec le rang des Saints, & tous placez suivant le different degré de gloire où ils sont élevez ; dans un autre tems elle eut une autre vision qui lui fit paroître trois Cieux, Saint Jean l'Evangeliste qui étoit au premier, vint au secours, & ouvrit un grand livre scelé de sept sceaux, & l'ayant ouvert elle vit qu'il écrivoit en très grand caractere Jean-Baptiste & Marie-Catherine, après quoi S. Jean referma le livre, & le porta au trône de Jesus-Christ au troisiéme Ciel, & là elle lui sembla voir que Jesus-Christ éleva de ce livre la main environ trois pans, en disant, je jure par moi-même comme ce qu'on vient d'écrire est immuable ; & dans ce même tems il lui parut une Croix qui s'aprocha d'elle, que Jesus-Christ tenoit par le haut, & lui dit que son amour l'alloit crucifier avant que la justice la consomât. Du depuis ayant eu plusieurs autres visions, tantôt sur une chose, tantôt sur l'autre, elle se sentoit toûjours plus passionnée & enflamée pour ledit Pere Girard, lequel l'alloit voir tous les jours, & souvent deux fois par son ordre ; & l'Exposante lui disant, est-il possible, mon Pere, que j'aye une si grande passion pour vous, l'amour de Dieu produit-il une pareille chose ? alors il lui repondit que cela ne lui fît point de peine, & que le bon Dieu l'avoit unie à lui, qu'il la portoit dans son sein & dans son cœur, qu'elle n'étoit plus qu'un même cœur avec lui, & l'ame de son ame, que cet amour ne devoit lui faire aucune peine, que le bon Dieu le vouloit comme cela, & qu'elle l'aimât bien ; & tant qu'elle a été dans cet état depuis le commencement jusqu'à la fin, il lui a été toûjours impossible de pouvoir prier vocalement ; & quand elle se plaignoit au Pere Girard qu'elle ne pouvoit pas prier vocalement, il lui disoit que cela n'étoit pas necessaire ; à quoi l'Exposante repliquoit qu'il lui paroissoit que les Saints n'avoient pas marché par cette voye ; le Pere Girard lui repondit que c'étoit ici une voye toute extraordinaire, qu'il ne faloit pas se mouler sur les Saints & que le Seigneur avoit differentes voyes pour conduire les ames à lui. Dans une autre vision il lui fut montré une personne qui étoit en état de peché mortel & d'impureté, & ayant la frayeur de cet objet, elle entendit une voix qui lui dit que si elle vouloit delivrer cet ame là de l'état malheureux où elle la voyoit, il faloit qu'elle acceptât d'être dans l'obsession pendant un an ; ce qu'ayant communiqué au Pere Girard son Confesseur, il la força d'accepter cette obsession, nonobstant toute la resistance qu'elle fit pour cela ; & s'étant soumise à l'obsession, dans l'instant elle se sentit possedée par un grand nombre de demons qui lui troublerent l'imagination & lui firent perdre ses sens, même ils lierent sa volonté d'une telle maniere que malgré elle, ils lui faisoient prononcer mille imprécations contre les Saints, des blasphêmes contre l'Eucharistie & contre tous nos Misteres ; & le Diable dans cet état d'obsession lui faisoit voir le fonds des consciences de plusieurs personnes, & lui suggeroit tout ce qu'elle avoit fait, prédisant même des choses qui arriveroient à l'avenir, que ledit Pere Girard étoit sorcier, qu'il avoit fait pacte avec lui depuis quarante ans, à condition qu'il seroit un grand esprit, & lui donneroit le don de la prédication, moyennant quoi il lui donneroit autant d'ames qu'il pourroit ; cependant l'Exposante avoit de bons intervales pendant lesquels elle avoit des visions & d'abondance de graces ; ce qu'ayant dit audit Pere Girard, il lui repondit que cela l'indemnisoit bien de ce qu'elle avoit souffert, ajoûtant que dans cet état elle ne voyoit que des objets d'impureté & d'abomination, dont elle étoit soulagée pàr quelques bons intervalles, & que quand elle étoit dans le Confessional le Pere Girard lui ordonnoit de souffrir son souffle, bien qu'elle tâchât *d'y réfister autant qu'elle pouvoit, parce qu'au plus elle fouffroit fon fouffle, au plus elle étoit paffionnée pour lui, & tranfportée pour l'embraffer. Expofe de plus que ledit Pere Girard l'obligea de faire connoiffance avec une autre dévote appellée la Demoifelle Guyol, qui eft femme d'un Menuifier, & fort jolie femme, parce qu'elle fe trouvoit dans le même état d'obfeffion qu'elle, ainfi qu'elle l'avoüa à l'Expofante, auffi-bien que ledit Pere Girard, lequel avant le Carême dernier venoit prefque tous les jours dans la maifon de l'Expofante dans fes accidens convulfifs. Il montoit au fecond étage, étant prefque toüjours au lit, & quelquefois levée ; il entroit dans fa chambre qu'il fermoit à clef, & quand il étoit affis, les accidens convulfifs redoubloient ; elle s'eft trouvée devant lui avec des poftures indecentes, & même d'autre fois il la faifoit mettre au pied du lit, & la tenoit ferrée dans fon fein pendant les deux ou trois heures, la baifant au vifage amoureufement très-fouvent, & prefque tous les jours qu'il venoit, ajoûtant que le dernier jour du Carnaval dans une vifion qu'elle eut, elle entendit une voix qui lui dit : Je vous conduirai avec moi au defert pendant le Carême, & vous ne vivrez plus de la nourriture des hommes, mais bien de celle des Anges ; mais nonobftant cette voix, elle mangea pendant ce Carême, & à mefure qu'elle mangeoit elle regorgeoit ; elle eut même un vomiffement de fang, ce qu'ayant raporté au Pere Girard, il lui difoit de fe bien livrer & abandonner à la voix qui la conduifoit. Expofe de plus que dans une autre vifion il lui parut le cœur de Jefus percé de diverfes bleffures, & elle entendit une voix qui lui difoit que c'étoit les pechez des hommes qui l'avoient mis dans cet état, & que, comme elle étoit unie à Jefus-Chrift, elle en reffentiroit par la participation à cette union une playe au côté gauche ; ce qui lui arriva en effet, & elle reffentit dans le même moment une bleffure audit côté, d'où il fe forma une playe qui s'ouvrit, & elle a refté dans cette fituation ouverte pendant trois mois fans augmenter ni diminuer. Le Pere Girard venoit tous les jours dans la chambre de l'Expofante, qu'il fermoit à clef, lui manioit la gorge, & lui fucçoit la playe qui étoit au-deffous, ce qui a duré pendant trois mois : Monfeigneur l'Evêque l'ayant exorcifée, cette playe fe guerit, mais cet exorcifme ne fut fait qu'au mois de Septembre dernier dans la Baftide de l'Expofante, qui eft au quartier des Routes, & depuis lors cette playe fe cicatrifa dans l'inftant, auffi-bien que le Stigmate des pieds & des mains, enfemble la couronne de la tête, & au moment auffi les cheveux lui revinrent comme auparavant. Expofe encore qu'avant l'exorcifme s'étant conteffée de tous fes états deplorables, elle fut exorcifée par Monfeigneur l'Evêque. Declare que quand fa fanté lui permettoit d'aller pendant le Carême aux Jefuites l'après dîné, le Pere Girard la faifoit entrer dans l'Eglife où il n'y avoit perfonne, & avant d'entrer au Confeffionnal il l'embraffoit & la baifoit à la bouche, & étant au Confeffionnal il lui difoit qu'elle étoit fa mere, que lui étoit fon frere, fon fils, fon ami, fon ferviteur, & qu'il y en avoit affez pour engager fon cœur ; & dans le Confeffionnal elle lui rendoit compte de toutes les vifions qu'elle avoit eu. Expofe encore que quand ledit Pere Girard venoit la voir dans fa chambre, & qu'il la fermoit à clef, il lui eft arrivé fouvent qu'il faifoit des atouchemens à fes Parties, & qu'elle fe fentoit moüillée & des pamoifons, ne fçachant ce que tout cela vouloit dire, & quand elle en faifoit des reproches au Pere Girard, il fe mettoit à rire ; étant arrivé que fes Regles lui ayant manqué pendant environ trois mois, elle l'avoit révelé audit Pere Girard qni lui tâtoit très fouvent le ventre, & il lui fit prendre pendant huit jours de certains remedes qui avoient une couleur rouge, ce qui lui procura un avortement & une maffe de chair qui fortit avec une perte de fang durant huit jonrs, ce qu'ayant communiqué au Pere Girard, il lui dit que cela ne pouvoit pas être & que c'étoit le demon qui le lui avoit figuré de même. Ajoûtant qu'un jour ledit Pere Girard la fit mettre en chemife fur fon lit, difant qu'il falloit qu'elle fût punie de la faute qu'elle avoit faite de ne pas fe livrer, elle fe fentit moüillée & chatoüillée à fes Parties ; d'autre fois il lui donnoit d'une difcipline fur les feffes, & lui baifoit le derriere, & c'étoit pour lors qu'il la moüilloit, & la chatoüilloit. Ajoûtant même qu'étant au*

Monaſtere ſainte Claire d'Ollioules, un jour dont elle n'eſt pas memorative ;
n'y ayant perſonne dans l'Egliſe, ledit Pere Girard l'embraſſa, & la baiſa,
ce qu'il a fait pluſieurs fois au parloir, comme auſſi de lui ſuccer la playe de la
gorge. Nous requerant ladite Cadiere de lui conceder aĉte de ſon expoſition, &
qu'il en ſoit informé, leĉture faite y perſiſtant, a ſigné avec nous au bout de
chaque page, & à la fin avec le Commis du Greffier. Signé Cadiere, Martelly
& Albert.

Au bas de cette Expoſition le Lieutenant ordonna l'information ſur tous les faits y
contenus, circonſtances & dépendances, & que l'Official ſeroit apellé pour proceder
conjointement avec lui. La Demoiſelle Cadiere a fait enſuite averer & joindre à la Procedure cinq Lettres du Pere Girard, dont trois avoient été écrites à la Dame Abbeſſe des
Clairiſtes d'Ollioules, & les deux autres à cette premiere, dont l'une eſt la fameuſe
Lettre du 22. Juillet, & l'autre du 15. Septembre qu'elle ſortit de la direĉtion de l'Accuſé. Ces cinq Lettres ſont celles dont on a déja raporté la teneur.

Le Promoteur donna une Requête pour faire informer ſur les crimes & les faits contenus dans les reponſes de la Demoiſelle Cadiere priſes par l'Official; & au lieu de ſe
joindre à elle pour concourir à la conviĉtion & à la punition du Coupable; au contraire, par un complot odieux, concerté avec le Pere Girard & le Pere de Sabatier Jeſuite, & par une prévarication digne de toute l'animadverſion de la Juſtice, il ne fit
aſſigner des temoins, que pour tâcher de procurer des prétendus faits juſtificatifs à l'Accuſé, & ne fit entendre que des gens abſolument devoüez aux Jeſuites, & même la plûpart des Penitentes aĉtuelles du Pere Girard.

Tous les ſoirs le Greffier & l'Official portoient eux-mêmes la Procedure aux Jeſuites,
pour la montrer à l'Accuſé & au Pere de Sabatier, (nous offrons d'en raporter la preuve,
quoiqu'elle réſulte déja de la Procedure même.) Comme ils voyoient par là ce qu'a-
voient depoſé les témoins oüis à la requête de la Demoiſelle Cadiere, le lendemain ils
faiſoient entendre des Devotes de l'Accuſé par le canal du Promoteur, à qui on faiſoit
dépoſer des faits préciſément contraires à ceux que les temoins produits par la Cadiere
le jour d'auparavant, avoient dépoſé; & c'eſt ainſi qu'on en a uſé pendant tout le cours
de la Procedure; de ſorte que de 44. témoins que le Promoteur a fait entendre, il n'y
en a pas un qui n'ait tenté de juſtifier le Pere Girard. La Cour pourra-t'elle voir ſans
horreur, juſqu'à quel point ces Miniſtres de la Juſtice Eccleſiaſtique l'ont proſtituée,
pour procurer à ce Coupable l'impunité de tant de crimes qui bleſſent ſi fort la Religion & le Public ?

Dabord que cette Procedure fut commencée, & dès le 26. du même mois de Novembre, la Demoiſelle Cadiere fut enfermée dans le Couvent des Urſulines de Toulon,
dirigé par les Jeſuites, dont la Dame de Guerin Superieure, qui a un frere Jeſuite,
& pluſieurs autres Religieuſes ſont aĉtuellement les Penitentes du Pere Girard; & on lui
donna pour la ſervir une Sœur converſe, fille de la fameuſe Guyol, dont l'Accuſé eſt
auſſi le Direĉteur : & deux autres Penitentes du Pere Girard qui avoient été dans les
mêmes états que la Demoiſelle Cadiere, & à qui on avoit pareillement ouvert les
yeux ſur leurs illuſions, & ſur les dereglemens de leur Direĉteur, furent miſes l'une au
Bon-Paſteur, & l'autre au Refuge, & tout cela en vertu des ordres Superieurs que M.
l'Evêque avoit obtenus.

La Demoiſelle Cadiere, pour avoir un Confeſſeur, fut obligée de tenir trois differens
comparans à M. l'Evêque, mais il ne lui fut pas poſſible d'en avoir aucun, à la reſerve
de Meſſire Berge Beneficier, ſi devoüé aux Jeſuites, comme le trait qu'on va raporter le prouve ſi bien. Ce Prêtre va au Couvent des Urſulines le 31. Janvier dernier avec
une écritoire & du papier, accompagné du Pere de Sabatier Jeſuite, & de deux temoins;
il entre au parloir, il fait appeller la Demoiſelle Cadiere, il lui dit qu'il eſt venu pour l'entendre à confeſſe, mais qu'il faut auparavant qu'elle faſſe en faveur du Pere Girard un
département de ſon expoſition, & qu'elle declare que c'eſt là une calomnie de ſa part,
ſans quoi il ne peut pas la confeſſer ; & comme elle lui repond qu'ayant été forcée de
porter ſa plainte à la Juſtice, & cette plainte ne contenant rien que de veritable, elle
ne peut pas la déſavoüer ; Meſſire Berge ſort & ſe retire avec le Pere de Sabatier & les
témoins, ſans la confeſſer.

Les Jeſuites & leurs émiſſaires qui virent qu'il n'y avoit plus d'eſpoir de faire ré-
traĉter à la Querelante ſon Expoſition, prirent d'autres meſures, pour tâcher de rendre
inutile ſa juſte plainte. Non contens de mettre dans les mains du Promoteur des témoins
ſubornez, & leurs propres Penitentes, ils ſubornoient encore les témoins de la Demoiſelle Cadiere. Le Pere de Sabatier, & d'autres perſonnes ſe tenoient à une Salle de l'E-
vêché, voiſine de celle où les témoins étoient entendus; & là avant qu'ils fuſſent oüis,
ils interrogeoient les témoins aſſignez à la Requête de la Demoiſelle Cadiere, ſur les faits
qu'ils avoient à depoſer, & quand ils voyoient qu'ils avoient des faits graves à dire

contre le Pere Girard, ils tâchoient de les diſſuader, & lorſqu'ils n'en pouvoient pas venir à bout, ils prenoient à ces témoins leur copie, & les renvoyoient ſans dépoſer. L'Official avoit même ſoin en rédigeant les dépoſitions des témoins d'en retrancher pluſieurs faits eſſentiels, le récollement des Religieuſes du Couvent Sainte Claire d'Ollioules en eſt une belle preuve. Cette ſubornation de témoins obligea la Querelante à donner une Requête au Lieutenant pour en faire informer, ce qui lui fut permis par un decret ; dans la ſuite les Jeſuites ont employé les voyes les plus iniques pour ſuborner même pluſieurs Religieuſes ; la lettre qu'ils avoient fait écrire pour cela à la Dame de Cogolin, Religieuſe Urſuline de Toulon, que nous venons de faire averer & qui a déja tant fait de bruit, en eſt une preuve ſans réplique.

Le credit des Jeſuites, & les tergiverſations du Promoteur, ont fait traîner long-tems cette procedure, ſans que la Demoiſelle Cadiere ait pû parvenir à la faire décreter, malgré les trois Actes en déni de Juſtice qu'elle avoit tenu au Lieutenant le 25. & 30. Janvier, & 10. Février dernier.

Cependant par un Arrêt du Conſeil d'Etat, du 16. Février dernier, le Roi ayant attribué à la Grand'Chambre du Parlement la connoiſſance de cette affaire en premier & dernier reſſort pour être inſtruite & jugée ſuivant les Ordonnances, à la Requête de M. L. P. G. du Roy, & à la diligence de la Demoiſelle Cadiere, par un Arrêt du 16. Février ſuivant, M. le Conſeiller de Faucon, & M. l'Abbé de Charleval, Conſeiller-Clerc, furent commis pour acceder à Toulon, pour continuer l'information, la décreter, ordonner, & faire le procès extraordinaire toûjours à la Requête de M. L. P. G. & à la diligence de la Querelante.

Meſſieurs les Commiſſaires accederent à Toulon avec M. L. P. G. du Roi, où ils entendirent encore 24. témoins ; & quoique cette Procedure compoſée de 112. témoins renferme la preuve de tous les crimes dont le Pere Girard eſt accuſé, néanmoins par un évenement, ſans doute peu attendu, il ne fut decreté que d'un ſimple aſſigné le 23. dudit mois de Février, & la Demoiſelle Cadiere, le Prieur des Carmes Déchauſſez de Toulon ſon nouveau Directeur, le Pere Thomas Cadiere Dominicain ſon frere, furent decretez d'ajournement perſonnel, & Meſſire François Cadiere Prêtre Séculier ſon autre frere, d'un aſſigné. Ces decrets ſi peu conformes aux regles de la Juſtice, & aux charges de la Procedure, ſembloient fort propres à donner l'échange au Public ſur cette affaire, mais il n'a jamais voulu le prendre ni régler là-deſſus ſes idées.

M. L. P. G. du Roi fit dabord ſignifier ces décrets à tous ces decretez, par Exploit du même jour 23. Février, avec aſſignation à comparoir au Parlement dans un mois, ſi mieux ils n'aimoient répondre devant Meſſieurs les Commiſſaires, le lendemain, & autres jours ſuivans. Le Pere Girard, que la douceur de ſon décret avoit enhardi, ſe hâta dabord de répondre ſur le champ & le même jour, & par ſes réponſes ſi étudiées, malgré ſon obſtination à nier les faits les plus notoires & les mieux prouvez par la procedure, il en a pourtant encore aſſez avoüé pour le convaincre des crimes qu'on lui impute, comme nous le montrerons dans la ſuite par l'analiſe que nous ferons de ſes réponſes. Il remit en même tems à Meſſieurs les Commiſſaires d'une part, 16. lettres, qu'il prétend être de celles qu'il avoit écrites à la Demoiſelle Cadiere à Ollioules, & qu'il a eu la précaution de refaire pour les purger du venin qui les infectoit, & de l'autre, 20. des Lettres qu'elle lui avoit écrites, & encore le mémoire du Carême, & celui de la Sœur de Remuſat, qu'il avoit dirigée & miſe dans les mêmes états.

Quoi qu'on ne pût pas obliger la Demoiſelle Cadiere à répondre, qu'après les délais de l'aſſignation, à moins qu'elle ne renonçât expreſſément à ces délais, & qu'elle ne requit elle-même Meſſieurs les Commiſſaires de l'oüir plûtôt ; néanmoins ſans aucune requiſition de ſa part, ils ſe porterent le 25. du même mois de Février, au Couvent des Urſulines, où elle étoit détenuë, pour y prendre ſes réponſes. Ce jour 25. & le lendemain 26. elle répondit conformément à la verité, & à ſon Expoſition, mais le lendemain matin, la Sœur Guyol qui la ſervoit, lui fit boire un verre de vin à jeun, qu'elle trouva fort ſalé, & qui la jetta d'abord dans une ſi grande aliénation d'eſprit, qu'elle ne reconnut pas ſa propre mere. Cet attentat obligea celle-ci à préſenter une Requête au Parlement, pour en faire informer ; & quoique M. L. P. G. du Roi eût conſenti à l'information, néanmoins la Cour par ſon Decret ordonna que l'information vûë, il y ſeroit pourvû.

Cependant le même jour que ce breuvage fut donné à l'Apellante, elle fut préſentée à Meſſieurs les Commiſſaires, pour continuer ſes interrogatoires ; & par l'effet de ce breuvage, des violences & des menaces qui lui furent faites dans ce Couvent, ſi dévoüé aux Jeſuites, on lui fit déſavoüer tous les faits contenus dans ſon Expoſition, & dire qu'ils n'étoient pas veritables ; que le Pere Girard ne l'avoit conduite que par les voyes de la plus haute perfection, & que c'étoit le Prieur des Carmes qui lui avoit perſuadé de former cette accuſation : tandis qu'il eſt juſtifié, que c'eſt l'Official lui-même qui l'y avoit forcée, & que tous les faits renfermez dans ſon Expoſition, ſont prou-

vez

vez par un grand nombre de témoins irréprochables , par les propres aveux de l'Accufé , & par fes lettres. La qualité des réponfes de la Demoifelle Cadiere fuffit pour prouver qu'elles ne font pas l'ouvrage de fa libre volonté. Dabord après les réponfes de la Querelante, il fut procedé à des feconds interrogatoires du Pere Girard , & comme il étoit parfaitement inftruit des réponfes de la Demoifelle Cadiere , il n'eut garde de faire plus aucun aveu , fi l'on en excepte celui d'avoir touché les deux côtes de la Demoifelle Cadiere, qu'il difoit avoir été relevées par une furabondance de graces ; mais il ne les avoit touchées que pardeffus le mouchoir qu'elle portoit au col.

Au moment que ces réponfes furent faites, Meffieurs les Commiffaires par leur Ordonnance du premier Mars , ordonnerent le procès extraordinaire à l'égard du Pere Girard & de la Demoifelle Cadiere, & laifferent en arriere le Prieur des Carmes & les freres Cadiere, qui n'avoient pas répondu, & qui étoient même encore dans leurs délais ; & contre toute forte de regles ils diviferent ainfi *continentiam caufe*, & le procès extraordinaire à l'égard des trois autres décretez a été enfuite ordonné par un autre Jugement féparé.

Ils procederent dabord au récollement de quelques témoins , & à la confrontation de 26. au Pere Girard, & d'un à la Demoifelle Cadiere ; &laiffant à l'écart le récollement, & la confrontation de tous les autres témoins , il firent le 6. Mars le récollement de la Demoifelle Cadiere , où il eft dit *qu'elle fe tient à ce qu'elle a dit dans fes dernieres réponfes , qui commencent le matin du 27. Février , & qu'à l'égard de fes réponfes prifes auparavant , tant par Meffieurs les Commiffaires que par l'Official , & fon expofition reçûë par le Lieutenant , elle y renonce en ce qu'elles ont de contraire avec fes dernieres , comme lui ayant été perfuadées par le Pere Carme , fur le récit qu'elle lui avoit fait des manieres innocentes & faintes que le Pere Girard avoit eu avec elle , & à force de le lui dire le lui ayant perfuadé.*

Le même jour , & fur le champ , ils font la confrontation mutuelle du Pere Girard avec la Querelante ; cette confrontation mutuelle eft auffi finguliere que le recollement dont on vient de parler. Le Pere Girard , fans propofer aucun objet contre elle , entend la lecture des dernieres réponfes , & du récollement de la Demoifelle Cadiere ; & après il dit : *qu'il ne s'eft jamais paffé rien que de très-pur & de très-modefte entre lui & elle , qu'il la regardoit comme une fainte fille qu'il vouloit conduire à la perfection ; & que fans entrer dans le détail de tout ce qui eft contenu dans les réponfes de la Demoifelle Cadiere , fur quoi il fe raporte aux fiennes , il répond en tout de la pureté de fes intentions , & de l'efprit de religion dans lequel il a parlé , écrit & agi.* Et la Demoifelle Cadiere de fon côté dit : *que fes réponfes , à commencer du 27. Fevrier au matin* (pour en exclure celles du 25. & 26. où elle avoit foûtenu la verité) *& fon addition au récollement contiennent verité , avoüant de n'avoir jamais rien vû dans le Pere Girard , que de très-pur & de très-faint ; répondant pareillement de la pureté de fes intentions.* Il eft dommage que ce langage foit démenti par toute la procedure , par les lettres & les propres aveux du Pere Girard.

Après cela Meffieurs les Commiffaires continuërent la confrontation des témoins avec la Demoifelle Cadiere jufqu'au 9. Mars inclufivement , & lui en confronterent dans cet efpece 46. & comme depuis le 27. Février jufqu'alors , les violences & les menaces qu'on lui faifoit avoient toûjours duré, non feulement elle n'avoit pas eû la liberté de propofer aucun objet contre la plûpart de ces témoins, quoiqu'elle en eût de très-pertinens ; mais encore on trouve ce contrafte étonnant , que tandis que par-là le Querelé & la Querelante venoient de donner pour Saint tout ce qui s'étoit paffé entr'eux , les témoins qu'on confrontoit à celle-ci infiftoient toûjours à foûtenir les Faits graves & atroces qu'ils avoient dépofez, & qui font fi contraires aux regles de l'innocence & de la pureté.

Le 10. Mars que Mrs les Commiffaires étoient fur le point de partir pour Ollioules , pour proceder au récollement & à la confrontation des Dames Religieufes du Couvent Sainte Claire , où la Demoifelle Cadiere avoit demeuré trois mois & demi ; ayant commencé à reprendre fa liberté , elle fit devant eux une révocation avec ferment, de tout ce qu'elle avoit dit depuis le 27. Février jufqu'alors de contraire à fon Expofition , & à fes réponfes des 25. & 26. Février ; & déclara que ce n'avoit été d'abord que par l'effet de ce breuvage, qui avoit étourdi fes fens , & tant alors qu'enfuite , & jufqu'à ce moment, par l'effet des violences & des menaces qui lui avoient été faites , qu'elle avoit été forcée de trahir la verité : elle ajoûta qu'elle infiftoit à fon Expofition , & à fes premieres réponfes des 25. & 26. Février. La maniere dont cette révocation eft conçûë , indique affez les auteurs de cette variation ; elle a confirmé la révocation de cette même variation, tant par fes Actes proteftatifs, que par fa confrontation mutuelle avec fes Freres & le Pere Carme , & ajoûté qu'elle déclareroit en tems & lieu les perfonnes qui lui ont fait ces violences & ces menaces.

Le 11. du même mois de Mars, que Meffieurs les Commiffaires accederent à Ollioules , la Demoifelle Cadiere y fut traduite par la Maréchauffée , Cortege peu conforme à son innocence, & même à son decret d'ajournement personnel, tout injuste qu'il est. Le Greffier de l'Officialité les avoit devancez dès le plus matin, sans que la pluye eût pû l'arreter, pour aller porter deux lettres à Ollioules, l'une aux Dames Clairistes, pour leur persuader de se retracter dans le recollement, & l'autre à la Superieure des Ursulines, où la Demoiselle Cadiere devoit être mise, par laquelle il lui étoit recommandé de ne rien oublier pour l'obliger à faire une nouvelle retractation en faveur du Pere Girard, & d'employer pour cela toutes sortes de moyens, & même les mauvais traitemens. En effet lorsque la Demoiselle Cadiere arriva à Ollioules, elle fut mise au Couvent des Ursulines, & enfermée dans une chambre d'une puanteur insuportable, qui étoit occupée par une folle qu'on en tira, & où il y avoit pour tout ameublement un peu de mauvaise paille par terre. Tous ces faits sont détaillez dans les actes protestatifs de l'Apellante des 15. & 16. du même mois de Mars, qui contiennent encore le détail de tous les differens moyens que les Jesuites & leurs émissaires avoient mis en usage pour suborner des témoins; de tous les mauvais traitemens & de toutes les violences qui lui ont été faites dans le Couvent des Ursulines de Toulon, si devoüé aux Jesuites, & même à l'Accusé, & dont elle protesta de faire informer.

Bien d'avantage, pour persuader encore mieux aux Dames Clairistes de se retracter, il fut encore dit à la Dame Abbesse, & à plusieurs Religieuses d'une part, que la Querelante s'étoit départie de sa plainte, en leur dissimulant les circonstances de cette variation, & la revocation qu'elle en avoit faite; & de l'autre, que tous les temoins de Toulon avoient retracté tous les faits qui alloient à la charge du Pere Girard, tandis qu'il n'y en avoit pas un qui eût varié: A-t'on jamais employé tant d'artifices pour étoufer la verité, & pour oprimer l'innocence? Mais elles repondirent avec une sainte fermeté que nulle consideration étoit capable de leur faire trahir la verité, que bien loin de rien retracter de ce qu'elles avoient dit dans leurs dépositions, elles vouloient ajoûter tout ce que l'Official en avoit retranché. En effet il paroît par leur récollement qu'elles ont ajoûté des faits très-essentiels & très-graves contre l'Accusé.

Lorsque le récollement & la confrontation des Religieuses Clairistes d'Ollioules fut achevé, & que Messieurs les Commissaires retournerent à Aix, la Demoiselle Cadiere y fut traduite par un Huissier, & trois Cavaliers de la Maréchaussée, & elle fut enfermée dans le second Monastere de la Visitation où elle est encore detenuë. Il est remarquable que pendant cette traduction faite avec cet aparcil reservé aux coupables des plus grands crimes, le soir qu'on logea à Roquevaire dans le cabaret de Jouve, qui étoit le 17. Mars, le nommé Fouque, Brigadier des Cavaliers, voulut coucher dans la chambre de la Demoiselle Cadiere, sous pretexte, disoit-il, qu'il avoit des ordres pour cela; de sorte qu'elle, & sa mere qui l'accompagnoit, furent obligées de veiller toute la nuit, voyant un Cavalier dans leur chambre; ce qui est un trait de violence peu commun.

Trois ou quatre jours après que la Demoiselle Cadiere eut été mise dans le second Monastere de la Visitation d'Aix, un jeune homme habillé de gris, portant épée, fut lui remettre une lettre anonime de la teneur suivante: *Je suis toûjours plus surprise, ma chere, du procedé que tu tiens; tu continuë d'aprendre au reste du monde la sotise que tu as faite. Attens-tu un Arrêt diffinitif pour te rendre encore plus odieuse aux yeux de tout un public? La chose a trop éclaté, me diras-tu; elle éclatera bien plus encore, si tu ne prends garde; car il te seroit moins deshonorable de te retracter, que de perdre ton procès. Il faut être autant de tes amies que je le suis, pour t'écrire avec autant de liberté. Je suis, ma chere, toute à toi. A Toulon ce 16. Mars* 1731. & au dessus est écrit, à Mademoiselle Cadiere, aux petites Maries à Aix.

Cette lettre, dont l'objet n'étoit que de persuader à l'Appellante de se retracter, ne peut partir que de la main des Jesuites, soit parce qu'il n'y a qu'eux qui ayent interêt d'employer toutes sortes de voyes pour surprendre une pareille retractaion, soit parce que cette lettre, quoique datée de Toulon, ne peut avoir été écrite qu'à Aix, puisqu'elle est datée du 16. Mars, & adressée à la Demoiselle Cadiere au second Monastere de la Visitation d'Aix, tandis que ce jour 16. Mars elle étoit encore à Ollioules, & qu'on ne pouvoit pas sçavoir à Toulon si elle seroit mise au second Monastere de la Visitation d'Aix; cela montre que ce n'est là qu'une suite des tentatives que les Jesuites ont faites continuellement depuis le commencement de ce procès, pour extorquer d'elle des retractations; tout ce qui a precedé & suivi ne permet pas d'en douter. Ces faits & plusieurs autres dont on passe ici le détail, firent la matiere d'un nouvel acte protestatif du 11. Avril dernier.

La Demoiselle Cadiere a ensuite apellé au Parlement du Decret d'ajournement personnel, rendu contre elle par Messieurs les Commissaires, & de la procedure par eux faite aussi contre elle, & encore *à minimâ* du Decret d'assigné rendu contre le Pere Girard, pour le faire commuer en prise de corps; ses freres & le Pere Carme ont aussi apellé de leur côté des Decrets rendus contr'eux, & adheré à son apel de la procedure.

Elle a enfuite apellé incidemment comme d'abus de la procedure faite contre elle par l'Official à la Requête du Promoteur, & furabondamment elle a pris des Lettres Royaux de reftitution envers la variation qu'elle avoit été forcée de faire : fes freres & le Prieur des Carmes ont donné des Requêtes d'adhérance à fon apel comme d'abus.

Ce font là toutes les qualitez fur lefquelles la Cour doit ftatuer ; quoique cet apel comme d'abus foit incident, néanmoins il devient la qualité principale, puifque la procedure qu'il attaque a fervi de fondement à celle que Meffieurs les Commiffaires ont faite contre nous, & au Decret dont nous nous plaignons ; & c'eft pour cela que nous commencerons par cet apel comme d'abus.

Pour fixer l'ordre de nos deffenfes, & montrer la juftice de tous nos apels, & de nos Lettres Royaux furabondantes, nous ferons voir, 1°. Que toute la procedure faite par l'Official de Toulon à la Requête du Promoteur, eft abufive, & que fa caffation entraîne les Decrets laxez contre nous par Meffieurs les Commiffaires, & toute la procedure qu'ils ont bâtie là-deffus.

2°. Que la procedure faite par Meffieurs les Commiffaires eft encore nulle par d'autres nullitez qui lui font propres.

3°. Que les Decrets dont nous nous plaignons font d'une injuftice extrême, parce que le Pere Girard eft ici le feul coupable, & qu'il eft convaincu de tous les crimes fi énormes dont il eft accufé.

Sur l'apel comme d'abus de la Demoifelle Cadiere de la procedure faite par l'Official de Toulon à la Requête du Promoteur.

PREMIER MOYEN D'ABUS.

Il eft fondé fur ce que, fuivant les Arrêts de Reglement du Parlement de Paris, & de celui de Provence, raportez par Corbin & par Boniface au 2. tom. de fa premiere compilation, *part. 3. liv. 1. tit. 5. chap. 4.* il eft deffendu à tout Juge de faire des perquifitions ou des accedits dans la maifon d'autrui, même en cas de vol, fans une information précedente ; & que les Juges d'Eglife font indifpenfablement obligez d'obferver & de fuivre les Arrêts de Reglement, à peine d'abus, fuivant les art. 34. 35. & 79. des Libertez de l'Eglife Gallicane, & la remarque de Piton fur ces articles, celle de Fevret en fon traité de l'abus, *liv. 1. ch. 9. n. 5.* & de Ducaffe en fon traité de la Jurifdiction Ecclefiaftique, *part. 2. ch. 2. n. 8.* parce que l'Eglife eft dans l'Etat, & fujette à toutes les Loix de l'Etat ; & que les Parlemens qui font les Arrêts de Reglement font à cet égard les depofitaires du Pouvoir fouverain du Prince ; & ce qui rend ce moyen encore plus inconteftable, c'eft que par l'Arrêt de Reglement rendu en la caufe de Meffire Fauque, il fut fait deffenfes aux Officiaux de faire pareils accedits ; ainfi l'accedit que l'Official en l'Evêché de Toulon a fait dans la maifon de la Demoifelle Cadiere fans une information précedente eft une contravention formelle à ces Arrêts de Reglement, & par confequent un moyen d'abus inconteftable.

SECOND MOYEN D'ABUS.

Il confifte en ce que l'Official a fait cet accedit chez la Demoifelle Cadiere, qui eft une perfonne laïque, qui n'eft pas fa jufticiable, puifque les laïques ne le font du Juge d'Eglife que pour l'adminiftration des Sacremens ; ce qui eft de la part de cet Official une entreprife fur la Juftice Royale, qui forme l'abus le plus caractérifé, fuivant la remarque de Mr de Marca en fon traité *de concord. Sacer. & imperii*, liv. 4. chap. 18. & 19. de Paftour en fon traité *de Jurifdic. Eccl.* liv. 3. tit. 8. & de Fevret, liv. 1. chap. 9. n. 6. & la Jurifprudence des Arrêts.

Mais ce qui rend ces deux premiers moyens d'abus abfolument infurmontables, c'eft que cet accedit avec un cortege fi deshonorant pour une fille, n'a été fait par l'Official chez la Demoifelle Cadiere, que pour l'interroger fur tout ce qui s'étoit paffé entre elle & le Pere Girard fon ancien Directeur, & pour la forcer par la Religion du ferment à fe difamer elle-même. Et de quelle funefte confequence ne feroit-il point d'autorifer des pareilles entreprifes de la part des Officiaux ? où en feroit-on s'il dependoit d'un Juge d'Eglife indifcret ou malicieux de deshonorer ainfi les familles par des pareils accedits chez des filles ? & cette indigne demarche de la part de cet Official ne merite-t'elle pas toute l'animadverfion de la Cour ?

TROISIEME MOYEN D'ABUS.

Il fe tire de ce que l'Official a commencé la procedure par les interrogatoires qu'il a fait à la Demoiselle Cadiere lors de cet accedit; tandis que suivant les Ordonnances & l'ordre judiciaire que les Officiaux font tenus de suivre, & dont l'inobservation de leur part rend leur procedure abusive, les interrogatoires ne peuvent être faits qu'après l'information & des Decrets. Aussi Fevret en son traité de l'Abus, liv. 8. chap. 3. n. 2. décide que l'Official commet abus lorsqu'il commence un Procès criminel par les interrogatoires. *Les Juges d'Eglise*, dit-il, *étant tenus d'observer les formes qui se pratiquent es Cours Séculieres en l'instruction des procès criminels, si un Official commençoit le Procès Criminel d'un Prêtre ou autre Ecclesiastique ab interrogatione, avant aucune information préalable, il y auroit abus, & cela fut ainsi jugé en termes exprès par le Parlement de Roüen.*

QUATRIE'ME MOYEN D'ABUS.

Il est fondé sur ce que le Promoteur dans sa Requête de Querelle a compris implicitement la Demoiselle Cadiere par ces mots, *faire punir les Coupables*; & il est si vrai que son principal objet a été de l'incriminer, que ce n'est que sur les témoins suspects & subornez de ce Promoteur qu'elle a été si injustement decretée d'ajournement personnel; & si le Promoteur a envelopé dans sa plainte la Demoiselle Cadiere, comme on n'en peut pas douter, tandis qu'il devoit borner ses poursuites au Pere Girard, n'est-ce pas là une entreprise inexcusable sur la Justice Royale, à laquelle seule la Demoiselle Cadiere étoit sujette?

CINQUIE'ME MOYEN D'ABUS.

Il consiste, en ce qu'au moment que la Demoiselle Cadiere eut été forcée de porter sa juste plainte au Lieutenant de Toulon, le Promoteur se hâta de faire entendre des témoins pour l'éluder, & pour préparer au Pere Girard des faits justificatifs : car si suivant l'Ordonnance Criminelle, tit. 28. art. 1. il est deffendu d'ordonner, & de faire la preuve d'aucuns faits justificatifs avant l'instruction de l'accusation & du procès : & si la contravention aux Ordonnances est un moyen d'Abus sans replique, suivant les articles 34. 35. & 79. des Libertez de l'Eglise Gallicane, le sentiment de M. de Marca, liv. 4. chap. 20. n. 6. de Fevret, liv. 1. chap. 9. & de Ducasse, part. 2. chap. 2. parce que les Juges d'Eglise qui ne sont pas moins sujets du Roy que les autres, ne sont pas moins soûmis à observer les Loix qu'il lui plaît de faire ; que sera-ce ici, où cette preuve des faits justificatifs a été faite par le Promoteur, qui au lieu de poursuivre lui-même la punition des crimes graves dont le Pere Girard est accusé, a borné tous ses soins à tâcher de lui en procurer l'impunité : & la Cour pourra-t'elle voir sans indignation que de 44. témoins que ce Promoteur a fait entendre, il n'y en ait pas un qui charge le Pere Girard, & qui ne dépose même quelques faux faits pour tâcher de le disculper.

Le Promoteur dira-t'il que quand il a fait entendre ces témoins il ne sçavoit point ce qu'ils devoient déposer? Mais ne sçait-on pas que le vengeur public, comme sont Messieurs les Gens du Roy dans la Justice Royale, & les Promoteurs dans la Justice Ecclesiastique, ne fait entendre aucun témoin, sans avoir au préalable aprofondi les faits qu'il sçait & qu'il doit déposer, à la difference de la partie Civile, qui fait assigner au hazard tous les témoins qu'il croit être instruits des faits de sa plainte?

DERNIER MOYEN D'ABUS.

Il se tire de l'opression, qui suivant Mr de Marca & Fevret, est le plus grand de tous les abus & qui a même été le principal motif de l'introduction des apellations comme d'abus. Cette opression regne ici dans toutes les demarches & dans toute la procedure de ce Juge d'Eglise, & de son Promoteur : les circonstances que nous avons remarquées dans le Fait ne permettent pas d'en douter ; & tout ce qui a été fait est si opressif, qu'il n'a eu pour objet que de favoriser le crime, & d'oprimer l'innocence ; & l'on peut dire que l'opression est la lêpre generale de cette procedure.

Tous ces moyens d'abus réunis ensemble ne permettent pas de laisser subsister la procedure faite par ce Juge d'Eglise à la Requête de son Promoteur ; & si cette procedure est déclarée abusive, comme toutes les regles nous le promettent, cela fera crouler necessairement les decrets rendus par Messieurs les Commissaires du Parlement, & la procedure qu'ils ont faite contre nous, puisque tout cela n'a pour fondement que la procedure du Promoteur.

Mais c'est une étrange équivoque de la part du Pere Girard, de croire, ou du moins

de

de dire que cela entraîneroit en même tems la procedure faite contre lui, & le decret d'assigné qui l'a suivie, & qu'il y a une incompatibilité de nôtre part à demander cumulativement la cassation de la procedure du Promoteur par abus, & la commutation de son decret d'assigné en prise de corps. Car cet apel comme d'abus n'attaque point la procedure faite par le Lieutenant à la Requête de la Demoiselle Cadiere, & où l'Official n'a fait que fonction d'Adjoint Ecclesiastique, & sur laquelle le Pere Girard a été décreté d'un simple assigné, au lieu de l'être d'une prise de corps; mais seulement la procedure faite à la Requête du Promoteur, & qui ne consiste qu'au verbal d'accedit de l'Official dans la Maison de la Demoiselle Cadiere, contenant les réponses de celle-ci, qui est le fondement ou le pretexte de la procedure du Promoteur, & à l'audition des témoins suspects & subornez qu'il a produits pour procurer des prétendus faits justificatifs au Pere Girard; de sorte que tout l'effet de cet apel comme d'abus est borné à la cassation de cet accedit, & au rejet des témoins oüis à la requête du Promoteur, sans que cela puisse donner aucune atteinte à la procedure faite par le Lieutenant à la requête de la Demoiselle Cadiere, où le Promoteur n'a point eu de part.

SUR l'apel simple de la Demoiselle Cadiere de la Procedure faite contre elle par Messieurs les Commissaires du Parlement.

Cette Procedure, à l'égard de la Demoiselle Cadiere, est infectée de plusieurs nullitez qu'il seroit difficile d'excuser, nous les allons parcourir sommairement.

PREMIERE NULLITE'.

Elle regarde les réponses personnelles de la Demoiselle Cadiere, & elle est fondée sur ce qu'on l'a obligée à les faire, tandis qu'elle étoit encore dans ses délais. Pour sentir toute la force de cette nullité, il faut rappeller ici, que le 23. Fevrier dernier, l'Appellante ayant été decretée si injustement, d'un ajournement personnel, Mr L. P. G. du Roy par un Exploit du même jour, le lui fit signifier, & la fit assigner à comparoir devant le Parlement, un mois après la date de l'Exploit, si mieux elle n'aimoit comparoitre dès le lendemain & jours suivans, devant Messieurs les Commissaires, qui étoient alors en descente à Toulon. Cet Exploit lui donnoit donc l'alternative & le choix, ou de ne répondre qu'après l'expiration des délais de l'assignation, ou bien de répondre plûtôt, mais dans ce dernier cas, il falloit qu'elle renonçât expressément à ses délais, & qu'elle requît elle-même, par un comparant, Messieurs les Commissaires de l'oüir plûtôt.

Cependant par une affectation bien évidente, sans autre requisition, ni comparant de la part de la Demoiselle Cadiere, Messieurs les Commissaires accedent le 25. du même mois, c'est-à-dire, deux jours après cet Exploit d'assignation, dans le Couvent des Ursulines, où elle étoit détenuë, & l'obligent à répondre; ces réponses sont donc nulles, parce qu'elle a été obligée de les faire dans le tems qu'elle étoit encore dans ses délais, & parce qu'elle étoit dans un lieu dévoüé aux Jesuites, & où elle n'avoit pas la liberté de résister.

Ce seroit bien en vain qu'on prétendroit que Monsieur le Procureur General du Roi avoit tenu un comparant à Messieurs les Commissaires, où après leur avoir representé qu'ayant envoyé un Huissier à la Demoiselle Cadiere dans le Couvent où elle étoit, pour sçavoir si elle vouloit répondre, lui ayant raporté qu'elle lui avoit dit qu'oüi, il les avoit requis d'acceder au Couvent où elle étoit détenuë pour prendre ses réponses; car ce prétexte seroit insoûtenable, & ne sçauroit sauver cette nullité; soit parce que ce n'étoit pas à Mr L. P. G. du Roy, sauf respect, à aller interpeller cette fille de repondre dans le tems qu'elle étoit encore dans ses délais, puisque par l'Exploit d'assignation, lui ayant donné le choix, il devoit attendre, ou qu'elle requît elle-même son audition par un comparant, ou bien que les delais fussent expirez; soit parce qu'il ne paroit pas par aucun Exploit, que la Demoiselle Cadiere eût dit à l'Huissier qu'elle vouloit répondre. Bien d'avantage, s'il lui avoit été fait un Exploit pour cela, & qu'elle eût fait une pareille réponse, il auroit fallu, ou qu'elle eût été signée par elle, ou attestée par deux témoins, sans quoi elle n'auroit fait aucune foi, & auroit été inutile: & l'on voudra prouver ici la prétenduë renonciation de la Demoiselle Cadiere, à ses délais & sa requisition d'être oüie alors par l'allegation verbale d'un Huissier; c'est une chose sans exemple.

Et ce qui rend cette nullité encore plus essentielle, & plus favorable, c'est que tout l'effet de ses réponses n'a abouti qu'à donner un soufflet à la vérité, par les violences & les menaces qui ont été faites à cette pauvre Fille, comme nous l'avons déja fait voir dans le fait, & que nous le montrerons encore mieux, en traitant les Lettres Royaux,

SECONDE NULLITE',

Elle confifte en ce que Meffieurs les Commiffaires par leur Ordonnance du premier Mars dernier, ont ordonné le procès extraordinaire, à l'égard du Pere Girard, & de la Demoifelle Cadiere feulement, & ont laiffé en arriere les autres trois Decretez, qui font le Pere Carme, & les Freres Cadiere, qui n'avoient pas encore répondu, & qui étoient même encore dans leurs délais, puifque ce n'eft que par un Arrêt rendu plus d'un mois après cette Ordonnance, que le procès extraordinaire à leur égard a été ordonné.

Or cette divifion, cette fection du procès criminel eft une nullité inconteftable par l'indivifibilité de la procedure, puifque c'eft-là *dividere continentiam caufa*, ce qui eft fi reprouvé par la Loy, & par les Ordonnances ; & cette nullité entraîne la caffation de tout le procès extraordinaire, qui a été fait avec tant d'irregularité.

TROISIE'ME NULLITE'.

Elle fe tire de ce que la confrontation mutuelle de la Demoifelle Cadiere avec le Pere Girard, a été faite avant que tous les témoins euffent été récollez & confrontez, puifque le 6. Mars qu'elle fut faite, il y avoit encore une partie des témoins de Toulon, & à récoller & à confronter, & toutes les Religieufes du Couvent Sainte Claire d'Ollioules ; cela n'eft-il pas un renverfement de l'ordre judiciaire, puifque c'eft un point d'ufage inviolablement obfervé au Palais, que la confrontation mutuelle des Querelez, ne peut être faite qu'après que tous les témoins ont été recollez & confrontez ?

La raifon en eft bien fenfible, c'eft parce que la confrontation mutuelle n'a été introduite, & n'eft faite que pour éclaircir ce qui peut refter de douteux après le recollement, & la confrontation des témoins, & que dans le récollement & la confrontation des témoins, il peut furvenir de nouveaux faits, & de nouvelles charges, comme il eft arrivé ici, où les Religieufes du Couvent Sainte Claire d'Ollioules, dans leur récollement ont ajoûté plufieurs nouveaux faits, & nouvelles charges que la partialité de l'Official avoit retranché dans leurs dépofitions. Voilà pourquoi la confrontation mutuelle n'eft jamais faite qu'après le récollement & la confrontation de tous les témoins : Et nous défions les parties adverfes de nous citer aucun exemple contraire. La precipitation & le venin de la confrontation mutuelle dont il s'agit, ne nous permettent pas de douter que la Cour ne foit ravie d'en prononcer la caffation.

QUATRIE'ME NULLITE'.

Elle eft fondée fur ce que tandis que le procès extraordinaire n'avoit pas encore été ordonné à l'égard du Prieur des Carmes & des Cadiere freres, Meffieurs les Commiffaires ont procedé au récollement des témoins, qui ne devoient être confrontez qu'à ces trois decretez, & qui ne l'ont point été, ni au Pere Girard, ni à la Demoifelle Cadiere ; car d'abord que ces témoins ne faifoient point charge contre ces deux derniers, & qu'ils ne devoient pas leur être confrontez, comme en effet ils ne l'ont pas été, & qu'ils ne faifoient charge que contre les autres decretez, & ne devoient être confrontez qu'à eux, en vertu de quoi Meffieurs les Commiffaires ont procedé au récollement de ces témoins ? Eft-ce en vertu de l'Ordonnance, par laquelle ils avoient ordonné le procès extraordinaire contre le Pere Girard & la Demoifelle Cadiere ? non fans doute, puifque ces témoins ne les regardoient pas, n'entroient point dans leur procès extraordinaire, & étoient confiderez à leur égard, comme s'il n'avoient jamais été oüis. Eft-ce en vertu de l'Arrêt qui a ordonné le procès extraordinaire contre ces trois decretez ? & comment cela fe pourroit-il, puifqu'il n'avoit pas encore été rendu, & qu'il ne l'a été qu'après le récollement de tous les témoins, & par l'indivifibilité de la procedure : ce moyen devient commun à la Demoifelle Cadiere.

DERNIERE NULLITE'.

Elle confifte en ce qu'on n'a point confronté au Pere Girard la plûpart des témoins de la Demoifelle Cadiere, quoiqu'ils le chargent, puifque dans le tems qu'elle a fait entendre contre lui 68. témoins, qui, à la réferve de 4. à 5. le chargent tous des faits graves ; cependant Meffieurs les Commiffaires ne lui en ont confronté que 38. & par-là tous les autres témoins non confrontez ne feroient plus preuve contre lui lors du Jugement deffinitif ; ce qui priveroit injuftement la Querellante de la moitié de fes preuves ; puifque fuivant l'Art. 8. de l'Ordonnance criminelle au titre des *Recollemens & Confrontation*, la depofition des témois qui n'ont pas été confrontez ne fait point de preuve, *s'il eft ordonné*, dit cet article, *que les témoins feront recollez & confrontez, la depofition de ceux qui n'auront point été confrontez ne fera point de preuve.*

Toutes ces nullitez font également effentielles & intereffantes, & l'on efpere de la juftice de la Cour qu'elle y aura égard, & qu'elle retablira les regles de la juftice, qui ont été fi ouvertement violées.

Sur les Lettres Royaux de reftitution de la Demoifelle Cadiere.

Par ces Lettres Royaux la Demoifelle Cadiere demande d'être reftituée en tant que de befoin, envers fes aveux contraires à la verité, & à fon expofition, & même aux reponfes qu'elle avoit faites les 25. & 26. Fevrier, contenus ces faux aveux dans fes reponfes du 27. du même mois, dans fon recollement & dans fa confrontation mutuelle du 6. Mars fuivant.

Ces Lettres Royaux font abfolument furabondantes, 1° Parce que fi les reponfes de la Demoifelle Cadiere, & tout le procès extraordinaire, & par confequent fon recolement & fa confrontation mutuelle, où la verité a fi évidemment été trahie, fon caffez, ces prétendus aveux tombent par la feule voye de caffation, fans le fecours des Lettres Royaux.

2°. Parce que la Demoifelle Cadiere n'a pas fait par là un departement de fon expofition; mais on lui a feulement fait dire quelques faits contraires à fon expofition; & qu'elle a revoqué cette variation par fa declaration judiciaire, faite avec ferment le 10. Mars, reçüe par Meffieurs les Commiffaires qui lui en ont concedé acte; & qu'elle a confirmé la revocation de cette variation, tant par ces actes proteftatifs, qu'encore judiciairement devant Meffieurs les Commiffaires, lors de fa confrontation mutuelle avec le Pere Carme & avec fes freres; de forte que par là cette variation fe trouve abfolument anéantie, & les chofes remifes au même état qu'elles étoient auparavant, fur le pied de fon expofition ; ainfi abfolument parlant elle n'avoit pas befoin de Lettres Royaux de reftitution.

Mais quand il faudroit fupofer, contre toutes les regles, que ces Lettres Royaux fuffent neceffaires pour remplir la formalité, leur enterinement ne pourroit recevoir aucune forte de difficulté, par les reflexions fuivantes.

La premiere eft, qu'on ne peut pas revoquer en doute, que cette variation ne foit l'effet des violences & des menaces qui ont été faites à cette pauvre Fille, encore mineure, deftituée de tout confeil & de tout apui, detenüe dans un lieu non libre, puifque ce Couvent eft abfolument devoüé aux Jefuites, qui en font les Directeurs, & que la Dame de Guerin Superieure, Sœur d'un Jefuite, & la plus-part des Religieufes, & fur tout la Sœur Guyol, qui fervoit la Demoifelle Cadiere, font les Pénitentes actuelles du Pere Girard, aufquelles il a fait mettre en ufage toutes fortes de moyens, pour lui procurer l'impunité de fes crimes, & même écrire des lettres aux Religieufes Clairiftes d'Ollioules pour les fuborner, comme il eft prouvé par la lettre de la Dame de Cogolin, Religieufe de ce Couvent, dont nous parlerons en traitant la fubornation des témoins. On voit bien que le premier mouvement, & le principe de cette variation, part de la main des Jefuites, qui depuis le commencement de ce procès, ont employé les voyes les plus iniques, pour extorquer d'elle des retractations; temoin le refus de tout Confeffeur fait à cette Fille, pour la forcer à faire une retractation; temoin l'ambaffade de Mre Berge, fous la figure de Confeffeur à ce Couvent, efcorté du Pere de Sabatier Jefuite, & de deux témoins, avec une écritoire & du papier, pour l'obliger à faire un departement en faveur du Pere Girard ; temoin tous les mauvais traitemens qui lui ont été faits, tant au Couvent des Urfulines de Toulon, que dans celui des Urfulines d'Ollioules, où elle fut enfermée dans une chambre puante, & où pour tout lit, il n'y avoit qu'une poignée de paille pourrie à terre ; temoin tout ce cortege diffamant, dont on a afforti fa traduction ; temoin la violence de ce Cavalier, qui voulut coucher dans fa chambre, le foir qu'on logea à Roquevaire, venant d'Ollioules à Aix ; temoin cette lettre anonime qui lui fut envoyée deux ou trois jours après qu'elle fut arrivée au fecond Monaftere de la Vifitation d'Aix, par laquelle on vouloit lui perfuader de faire une nouvelle retractation ; temoin enfin toutes les vexations qui lui ont été faites, depuis ce fatal & malheureux moment, où l'Official abufant de la Juftice même, la força à declarer fa propre honte, & les crimes infames de fon ancien Directeur.

La feconde eft, que les auteurs de cette variation font defignez d'une maniere à ne pouvoir pas être meconnus, foit par la revocation que la Demoifelle Cadiere en a faite le 10. Mars, devant Meffieurs les Commiffaires, foit par tous fes actes proteftatifs,

& par sa confrontation mutuelle avec le Prieur des Carmes, & avec ses freres.

Et la derniere se tire de ce qu'il suffit de comparer les dernieres réponses de la Demoiselle Cadiere, son recollement & sa confrontation mutuelle, nous ne disons pas avec son exposition & ses premieres reponses des 25. & 26. Fevrier, mais avec la procedure même, pour être convaincu que cette variation étoit l'antipode de la verité, puisque tandis que par la force des violences & des menaces qui ont été faites à la Demoiselle Cadiere, elle a dit qu'il ne s'étoit jamais rien passé que de *pur* & de *Saint*, que le Pere Girard ne l'avoit conduite que par la voye de la plus *haute perfection*, & qu'ils protestent l'un & l'autre de la *pureté de leurs intentions;* il est prouvé cependant par toute la procedure, par les lettres & par les propres aveux du Pere Girard, qu'il a commis sur elle toutes sortes de crimes & d'infamies; & ne peut-on pas dire que cette variation ne fait qu'ajoûter un nouveau crime à cet Accusé?

SUR l'apel de la Demoiselle Cadiere de son decret d'ajournement personnel, & à minimâ de celui d'assigné du Pere Girard.

Il est dabord certain que le decret d'ajournement personnel rendu contre la Demoiselle Cadiere, ne peut pas subsister, soit parce que la cassation de la procedure du Promoteur, qui lui a servi de pretexte, l'entrainera necessairement, soit encore plus, parce que independament de la nullité de la procedure du Promoteur, & en considerant les choses en l'état qu'elles étoient lorsque ce decret a été rendu, il seroit toûjours insoûtenable. En effet qu'elle cause peut-on donner à ce decret? qu'elle faute peut-on imputer à l'Appellante, à moins que ce ne soit celle d'avoir accusé un coupable trop accredité?

A l'égard du decret d'assigné rendu contre le Pere Girard, il ne peut être regardé que comme une vraye dérision à la Justice; & pour le montrer d'une maniere sans réplique, nous allons prouver qu'il est convaincu de Quiétisme, d'Enchantement & de Sortilege, de Rapt, d'Inceste spirituel avec ses Penitentes, d'Avortement & de Subornation de témoins; & comme le Quiétisme, l'Enchantement & le Sortilege sont les moyens qu'il a employé pour seduire sa Penitente, nous croyons devoir commencer par là.

Que le Pere Girard est convaincu de Quiétisme.

Le Quiétisme est une erreur, qui sous pretexte d'une union immediate & intime avec Dieu, reduit la plus haute perfection de l'ame à une contemplation passive & inanimée; regarde l'exercice des vertus chrétiennes, & la priere vocale, non seulement comme inutiles, mais encore comme des imperfections & des obstacles à l'operation Divine; anéantit la volonté de la Créature, & sa cooperation, autorise toute sorte de dereglemens de mœurs, comme des actions indifferentes, ausquelles on ne doit pas seulement prendre garde, & les considere même comme avantageuses; ordonne la frequentation des Sacremens, & même la communion quotidienne sans aucune preparation. C'est de cette mere infernale que sont nez tant d'enfans monstrueux, & même le peché philosophique: n'est-elle pas la plus funeste & la plus damnable de toutes les heresies, puisqu'elle sape tout le plan de la morale Chrétienne, proscrit l'exercice de toutes les vertus Evangeliques, & autorise la pratique de tous les vices?

On en attribuë l'origine à des Moines d'Orient, & elle a été renouvellée presque dans tous les siecles de l'Eglise. Michel Molinos est pourtant celui qui lui avoit donné le plus d'étenduë & de credit, par ses deux livres, intitulez, l'un, *la Guide Spirituelle,* & l'autre, *La Communion quotidienne;* par ses Manuscrits, ses Exhortations & sa Direction, & il l'avoit fait respecter long tems, même autour du Trône, & sous les yeux du Vicaire de Jesus-Christ. Ce fut alors que sous les aparences d'une spiritualité ébloüissante, & souvent même dans des lieux destinez aux exercices de la Religion, Rome vit commettre les crimes les plus infames par Molinos avec ses Penitentes, & par ses Sectateurs. Les progrès prodigieux de cette contagion, qui avoit déja infecté les têtes les plus élevées, obligerent le Tribunal de la Foi, & Innocent XI. à aporter un remede à un mal si violent, & à en punir l'Auteur; & par une Bulle de l'année 1687. cette heresie fut anathematisée, & son Auteur condamné à une prison perpetuelle, où il mourut. Aparamment que la protection que la qualité de sa morale lui avoit procurée, lui épargna le feu qu'il avoit si bien merité.

Cette erreur est trop douce aux cœurs corrompus, pour avoir été entierement éteinte par cette condamnation; on la vit bientôt revivre en France par plusieurs Ouvrages, dont les principaux étoient le livre de *l'Oraison mentale,* composé par un Barnabite. *La regle des Associez à l'Enfance de Jesus,* par le sieur Bernieres. *Le Moyen*

court

court & le Cantique des Cantiques de Salomon, *interprêté felon le fens myftique*, par la Dame Guyon, où l'on renouvella toutes les erreurs de Molinos; mais tous ces ouvrages des tenebres furent d'abord condamnez par les Evêques de France. L'Auteur de l'Explication des Maximes des Saints ayant fait revivre une partie des erreurs du Quiétifme, Loüis XIV. auffi grand par fes vertus & par fon zele pour la Religion, que par fes actions immortelles de valeur, en demanda lui-même la condamnation à Innocent XII. qui la prononça par la Bulle du 12. Mars 1699. Le Roy après en avoir remercié Sa Sainteté, expedia des Lettres Patentes en forme de Déclaration pour fon execution; elles furent enregiftrées au Parlement de Paris le 14. Août fuivant, à la réquifition du Chef fuprême de la Juftice Françoife, dont le difcours fera à jamais un monument d'éloquence, d'érudition & de pieté. Le Clergé de France reçût cette Bulle en 1700. Et l'Auteur de ce Livre effaça par fa foûmiffion, & par la publication qu'il fit lui-même de fa condamnation, toute la tache que cette erreur avoit pû faire à l'éclat de fon merite.

Or le Pere Girard eft convaincu par la procedure, de Quiétifme; & d'en avoir enfeigné les pernicieufes maximes à fes Penitentes, il fuffit d'en parcourir les differentes preuves qu'elle renferme.

Meffire Giraud, Curé de la Cathedrale, deuxiéme témoin, dépofe, *qu'ayant demandé à la Reboul, une des Penitentes du Pere Girard, fi elle communioit tous les jours, elle lui répondit qu'oüi. Comment pouvez-vous donc*, lui dit-il, *allier cette Communion journaliere avec les parties de plaifir que vous faites, tant à la Ville qu'à la Campagne? Elle lui dit qu'elle y avoit quelque fcrupule; mais que voyant que les autres qui étoient plus faintes qu'elle, le faifoient, elle le faifoit de même. Il falloit donc*, répliqua le Curé, *que vous fiffiez bien des Prieres;* elle lui répondit, *que depuis long-tems elle n'en faifoit point de vocale. Vous ne dites point l'Office de la Sainte Vierge, le Chapelet & l'Evangile; n'affiftez-vous point aux Inftructions de la Paroiffe,* lui repartit-il? *Non*, lui dit la Reboul. *Que faifiez-vous donc*, lui répliqua le Curé? *Je me tenois toûjours*, dit-elle, *à la préfence de Dieu. Voilà une mauvaife conduite*, répondit ce témoin. Il ajoûte qu'ayant dit à la Laugiere, autre Penitente du Pere Girard, *qu'il étoit fort particulier de voir des perfonnes qui vont à la Campagne fe divertir, & à la maifon avoir des extafes*, elle lui dit, *eft-il défendu de fe divertir? Non*, lui repartit le Curé, *quand on ne paffe pas les bornes; mais vous me feriez croire qu'on pourroit être extafiée avec un aîle de Poule à la main? Pourquoi non*, dit-elle, & la preffant encore, il dit, *vous pourriez donc aller à la Comedie*, & elle lui répondit, *que quand on eft bien avec Dieu, il n'y a rien à craindre, & quand un Directeur vous l'ordonne.* Et fur ce que ce témoin lui dit, *qu'elles crioient dans le tems qu'elles fe divertiffoient*, elle lui répondit, *qu'elle avoit vû dans le Livre de la vie de la Mere Agnés, qu'elle crioit, qu'elle fautoit, & que quand même elle étoit dans une chambre, elle crioit par le trou d'un tromble.* Alors il lui dit, *voilà un fentiment de Quiétifme;* elle répondit, *qu'eft-ce que Quiétifme?* A quoi il repartit, *que les Quiétiftes croyent que quand on eft bien avec Dieu, tout eft permis.*

Le même Meffire Giraud dans fa confrontation avec l'Abbé Cadiere & le Pere Cadiere Dominicain, fur les interpellations à lui faites, ajoûte que *l'Allemande*, auffi Penitente du P. Girard, *lui avoit avoüé que quand elle étoit fous la direction de celui-ci, non feulement elle ne faifoit aucune Priere vocale, mais encore elle étoit dans une impuiffance de prier.*

Meffire Gandalbert, autre Curé de la Cathedrale, premier témoin, dans fa confrontation avec l'Abbé Cadiere, dit que *l'Allemande lui avoit pareillement avoüé avoir été dans une impuiffance de priere fous la direction du Pere Girard.*

La Dame Marianne d'Aubert, Abbeffe du Monaftere Sainte Claire d'Ollioules, dixneuviéme témoin, dépofe que *la Demoifelle Cadiere ne pouvoit pas fuivre les exercices de la Communauté; qu'on ne la voyoit jamais à l'Eglife en prieres, & qu'elle ne faifoit nulle forte de mortification.* Et dans fa confrontation avec la Demoifelle Cadiere, elle ajoûte, *que le Pere Girard lui difoit de ne pas tant s'attacher aux prieres vocales, mais de s'unir à Dieu par l'efprit.* Voilà le pur Quiétifme.

Anne Batarelle, trente-huitiéme témoin, dépofe, que quand elle étoit fous la direction du Pere Girard, *elle avoit experimenté une ceffation de prieres, & un rebut pour toute forte de bonnes pratiques, qu'il l'avoit raffûrée fur cet état, & dit que la priere n'étoit qu'un moyen pour parvenir à l'union, & que quand une fois on y étoit parvenu, il n'en étoit plus befoin.* Elle ajoûte, *que pendant l'abfence du Pere Girard, s'étant trouvée dans une pareille ceffation de prieres, & ayant confulté fur cela la Demoifelle Cadiere, qui étoit fa Lieutenante, elle lui dit que c'étoit là l'état d'union avec Dieu, & un état de perfection, duquel on ne pouvoit décheoir que par infidelité, que les démons n'avoient plus de pouvoir fur fon falut, & qu'il falloit fuivre ces infpirations interieures.* Et le Pere Girard nourriffoit fi bien fes dévotes de toutes les maximes du Quiétifme, que le plus profond Théologien Quiétifte ne pourroit rien dire de plus fçavant que ce que la Batarelle dit fur cette matiere dans fa longue dépofition.

G

Therese Lionne, veuve d'Allemand, si connuë dans la procedure sous le nom de l'Allemande, trente-neuviéme témoin, dit, *que lorsqu'elle étoit sous la direction du Pere Girard, s'étant trouvée dans une impossibilité de prier, & le lui ayant communiqué, il lui avoit dit qu'il falloit se tenir unie à Dieu, & qu'un clein d'œil auprès de lui pouvoit par sa grace faire cesser toutes nos secheresses & ariditez.* Elle ajoûte que la Guyol, fameuse confidente du Pere Girard, lui avoit dit, *que toute priere vocale lui étoit interdite & impossible, & qu'elle ne pouvoit pas même faire la reverence au Crucifix qu'elle avoit au chevet de son lit, qu'elle étoit en coûtume d'adorer.*

Cette cessation, cette impuissance de priere dans les Pénitentes du Pere Girard; cette opinion qu'un seul regard vers Dieu suffit, qui est ce que les Quiétistes apellent *Oraison de la Foy*, ou *de Repos*, ou *Contemplation passive*, & qu'il suffit de se croire uni avec Dieu, pour que tout soit permis sans peché; ne sont-ce pas des traits de Quiétisme bien marquez, & bien éclatans?

En second lieu, les lettres que le Pere Girard a remises lors de ses premiers interrogatoires ne sont-elles pas remplies d'un esprit de Quiétisme, quoiqu'il les ait refaites pendant procès, pour tâcher de les purger autant qu'il pourroit de ce fond de Quiétisme, & de galanterie dont elles étoient remplies?

Enfin ces mots de la lettre du 22. Juillet: *Oubliez-vous & laissez faire, ces deux mots renferment la plus sublime disposition* : ne contiennent-ils pas l'essence & l'éloge du Quiétisme? toute sa conduite & celle de ses Pénitentes n'en est-elle pas une belle peinture? on verra dans un moment que ce Directeur, digne Sectateur de Molinos, en a pratiqué toutes les maximes avec ses penitentes.

Que le Pere Girard est convaincu d'enchantement & de Sortilege.

En cette matiere si c'est une extrémité de tout croire, c'en est encore une plus grande de ne rien croire; il est vrai qu'on attribuë souvent au Sortilege des choses qui ne sont que l'effet d'une imagination échauffée ou dereglée, ou de la supercherie de ceux qui les publient : mais il ne s'ensuit pas de-là qu'il n'y ait point de Sortilege.

En effet l'Ecriture sainte, l'Evangile, les Actes des Apôtres, les Histoires Ecclesiastiques & prophanes de tous les tems en prouvent la verité; & ce seroit ravir au Fils de Dieu & à ses Apôtres la gloire des miracles les plus éclatans, que de nier la possibilité des Sortileges. Le Droit Romain dans le tit. du Cod. *de malef.* &c. Le Droit Canon dans la cause 26. & dans le titre *de Sortileg.* aux Decretales; tous les Conciles raportez par Mr Duperray en son traité de la capacité des Ecclesiastiques, liv. 5. ch. 7. les Ordonnances de nos Rois recüeillies par Fontanon, tom. 4. tit. 6. & par Lamarre en son traité de la Police, tom. 1. liv. 3. tit 7. & dont la derniere est du mois de Juillet 1682. qui ont fait tant de decisions pour fixer la qualité & les peines du Sortilege, permettent-elles de le traiter de chimere? & si cela étoit, l'Eglise se seroit-elle donnée la peine d'établir & de regler la formalité des Exorcismes? L'aveu que tant de coupables de Magie & de Sortilege en ont fait aux depens de leur vie, & qu'ils ont scelé de leur sang, ne merite-t'il pas d'en être cru? & les Arrêts de tous les Parlemens du Royaume, qui ont condamné à la mort tous ceux qui ont été convaincus de ce crime, & sur tout tant de Prêtres qui avoient employé le Sortilege pour le même sujet que le Pere Girard, comme on le peut voir dans Carondas en ses reponses, liv. 9. ch. 43. & liv. 12. ch. 64. dans Chenu 2. Centurie, quest. 98. dans Boguet, dans Bodin, dans Langre, dans Papon en ses Arrêts, liv. 22. tit. 3. dans Basset, liv. 6. tit. 19. chap. 6. dans Fevret en son traité de l'abus, liv. 8. chap. 2. n. 3. dans Lamarre en l'endroit cité, dans l'Histoire Ecclesiastique, & le fameux Arrêt rendu par le Parlement de Provence en 1611. en la cause de Gaufridy, si semblable à celle-ci : Passeront-ils pour des illusions dans l'esprit de ce Jesuite, qui affecte de faire ici l'esprit fort, & l'incredule par la necessité de la cause, & de méconnoître un Art où il excelle? Ajoûterons-nous à cela l'autorité des Theologiens & des Docteurs, & sur tout celle de saint Augustin en son traité de la Cité de Dieu, liv. 10. ch. 11. de saint Thomas, & de Dumoulin sur la Coûtume de Paris, §. 43. *in verb. qui denie le fief* n. 138. (qu'on ne traitera pas sans doute de visionaires.) qui établissent la verité des Sortileges, & des Enchantemens; mais oposons à l'Accusé des autoritez d'un plus grand poids, & convainquons un Jesuite par le témoignage des Jesuites même. Tyræus en son traité *de Demoniacis*, Delrio en son traité *Disquisitionum magicarum*, & Theophile Rainaud en son traité *de Stigmatismo sacro & prophano*, trois Docteurs de la Société qui ont épuisé cette matiere, ne montrent-ils pas par des raisons sans replique l'existance de la Magie, des Enchantemens & des Sortileges, que ce seroit une incredulité insensée de les revoquer en doute? & n'ajoûtent-ils pas que cela ne se fait qu'avec un pacte exprès ou tacite avec le demon, & qu'on se sert ordinairement de ce qu'il y a de plus saint dans la Religion, & même d'Hosties pour faire des sortileges? c'est pour cela que le

Canon 20. du 4. Concile de Latran ordonnoit que le Ciboire & le saint Crême seroient gardez fidellement sous la clef, de peur qu'on en abusât pour des malefices &
des sortileges; & Delrio liv. 2. quest. 1. trouve la chose si peu douteuse, qu'il dit
que vouloir la prouver, c'est vouloir augmenter la lumiere du jour au plein midi par
des lampes alumées: *hoc & sacræ Scripturæ testimoniis, & omnium ætatum memoriâ atq;
experimentis tam est compertum, ut velle probare nihil sit aliud quam lychnis accensis meri-
diana luci opitulari.* Ainsi tout le point contentieux doit être reduit à sçavoir si les faits
qui resultent de la procedure sont des faits de Sortilege, d'Enchantement, ou d'Obsession.

Plusieurs Medecins soûtiennent que la Medecine renferme dans ses trésors la connoissance des Simples & Drogues qui ont la vertu de faire aimer; mais il est encore plus certain que c'est là souvent l'effet du Sortilege. De là vient que l'Em-
pereur Constantin en la Loi 4. au Cod. *de malef.* &c. decide qu'il faut severement
punir ceux qui par le secours de la Magie ou du Sortilege font violence à la chasteté,
& l'entraînent dans le desordre de l'amour: *eorum est scientia punienda, & severissi-
mis meritò Legibus vindicanda, qui magicis accincti Artibus, pudicos animos ad libi-
dinem deflexisse detegentur.* Saint Augustin en l'endroit cité, Jacques Godefroy sur la
Loi 3. au même tit. du Cod. Theodosien, & Delrio, L. 3. q. 3. *de amatorio maleficio,*
decident la même chose. Les exemples raportez par saint Jerôme en la vie de saint
Hilarion, & par saint Gregoire de Nazianze sont assez fameux sur cette matiere; & les
Histoires tant sacrées que profanes ne sont-elles pas remplies d'exemples de Prêtres
qui avoient employé le Sortilege pour seduire leurs Penitentes? ne voit-on pas dans
Basset en l'endroit cité, que le Curé de Peisane devenu amoureux de la Dame du Lieu,
s'en procura la joüissance par un Sortilege dans une dragée qu'il lui donna à manger,
& qu'au moment qu'elle l'eut avalée elle se sentit transportée d'amour pour lui, & s'y
livra: crime que le Parlement de Grenoble punit du feu. N'est-il pas prouvé par la
Procedure de Gaufridy, brûlé par un Arrêt du Parlement de Provence, de 1611.
que c'étoit par un souffle qu'il avoit ensorcelé Magdelaine de Lapalud sa Penitente, &
qu'il s'en étoit rendu le possesseur? Il ne faut donc plus être surpris si le Pere Girard
par ce souffle funeste qu'il jetta sur la Demoiselle Cadiere au parloir des Jesuites, &
qui fit sur elle une si subite impression, lui inspira un amour si violent pour lui, si sur
le champ elle avoüe sa défaite, & lui dit qu'elle se livreroit entierement à lui; si la réï-
teration de ce souffle dans le Confessional lui causoit un redoublement d'amour. En
effet une jeune fille de 18. ans, comme étoit alors la Demoiselle Cadiere, auroit-elle pû
sans Sortilege devenir amoureuse jusqu'à la folie d'un Directeur de 50. ans, qui certainement n'a rien sur sa personne ni d'éblouissant, ni de seduisant pour une jeune fille?
& auroit-elle pû faire pour lui toutes ces extravagances amoureuses qu'elle a faites?
jusques là que quand elle étoit à sa bastide de Pauque, elle se seroit échapée quelques fois de nuit pour l'aller trouver à Toulon, si on ne l'avoit pas retenuë.

A l'égard des visions frequentes que la Demoiselle Cadiere avoit, & qui sont contenuës dans son Carême, & de ses extases presque continuels, & qui étoient communs aux autres Penitentes du Pere Girard, & sur tout à la Guyol, à la Laugier,
à la Gravier, à l'Allemande, à la Batarelle & à la Reboul, comme il est prouvé par la
procedure; il s'agit de sçavoir à quelle cause il faut l'attribuer. Nous convenons qu'une
imagination devote trop échauffée, & remplie de la lecture de certains livres, peut
les produire, & qu'ils sont même l'effet necessaire du Quietisme. En effet ne voit-on
pas dans Marie d'Agreda, & dans Marguerite-Marie, où Marie-Quoque des extases
& des visions semblables à celles de la Demoiselle Cadiere, & entr'autres cette vision
de Marie Quoque, dans laquelle, suivant l'Ecrivain de sa vie, elle vit son cœur en-
trelacé avec celui du Pere de Lacolombiere Jesuite, son Directeur; & ne trouve-t'on
pas dans les ouvrages de la Dame Guyon cette fameuse Quietiste, des visions encore
plus extraordinaires que celles qui sont contenuës dans le carême de la Demoiselle
Cadiere.

Nous sçavons qu'il y a des ames assez pures, assez privilegiées, en faveur desquelles
Dieu semble anticiper les tems, & leur faire part d'avance, de quelques traits de sa gloire & de ses lumieres par des saintes visions. Que ne pouvons-nous raporter celles de la
Demoiselle Cadiere à une pareille cause, comme a fait le Pere Girard pendant tout le
tems de sa direction? mais le dénoüement, mais l'histoire de cette direction ne nous
en interdit-elle pas la liberté?

La derniere cause des visions est le Sortilege, parce que (comme dit Tyræus l. 1. ch. 6.
& Delrio, liv. 2. q. 5. 6. 7. & 8. & aprés eux Dumoulin sur la Coûtume de Paris, §. 43. gl.
1. n. 138.) par cet Art le demon cause des visions par les prestiges & les illusions qu'il
repand sur les sens, *mediante quâdam pestiferâ societate hominum & demonum, velut pacto
infidelis & dolosæ amicitiæ constitutæ cum demonibus, quorum operâ & portentosis,
exercendisquè illusionibus constat,* dit Dumoulin: s'il n'y avoit dans cette procedure

aucun trait de Sortilege, on pourroit attribuer ces visions à la premiere cause que nous avons touchée; mais ne paroit-il pas plus naturel de les attribuer à cette derniere cause, puisqu'on en trouve ici tant d'autres effets; & de croire que puisqu'elles ne viennent pas d'un Ange de lumiere, elles viennent donc d'un Ange de tenebres?

Il faut dabord poser pour principe general en cette matiere, que les faits surnaturels, c'est à dire ceux qui excedent les forces de la nature, doivent être attribuez ou à Dieu ou au demon, suivant leur qualité; cela suposé, parcourons les differens faits extraordinaires qui resultent de la procedure, & voyons quelle en peut être la veritable cause.

Le premier de ces faits sont les differens accidens d'obsession que la Demoiselle Cadiere a eu; Messire Gandalbert, Curé de la Cathedrale depose, *que dans la nuit du 17. au 18. Novembre dernier ayant été appellé par les parens de la Demoiselle Cadiere, sur les dix heures du soir, à l'occasion d'un accident qui lui étoit arrivé, il y fut avec Mre Giraud autre Curé de la même Eglise, & que s'étant rendu dans la chambre de la Demoiselle Cadiere, qui étoit déja pleine du monde qui y avoit accouru, ils la trouverent étenduë sur le plancher sans parole, sans mouvement; que Caudeiron Chirurgien tâchoit de lui faire ouvrir la bouche pour lui faire prendre quelque liqueur, mais qu'il n'en pût pas venir à bout, quoiqu'on lui pressât le nez avec les doigts; que quelque tems après étant revenuë insensiblement de son accident, Messire Giraud s'aprocha d'elle; que lui ayant demandé en quel état elle se trouvoit, elle repondit qu'elle se sentoit brisée de tout son corps; que Messire Giraud lui ayant encore demandé si ces sortes d'accidens lui arrivoient quelque fois, & depuis quel tems elle y étoit sujette, & à quelle occasion ils avoient commencé, elle repliqua qu'ils lui étoient arrivez très-souvent, depuis environ un an & demi qu'on avoit jetté un soufle sur elle; qu'elle ne pouvoit pas en dire davantage, & qu'il n'étoit pas juste qu'elle fit sa confession publiquement; & qu'alors ces deux Curez se retirerent. Messire Gandalbert ajoûte que demi heure après on vint l'appeller de nouveau avec un grand bruit, & que s'étant rendu, comme la premiere fois, avec Mre Giraud à la maison de la Demoiselle Cadiere, où ils la trouverent couchée dans son lit, à peine revenuë du nouvel accident, à ce qu'on leur dit; Messire Giraud s'étant aproché d'elle pour lui dire quelques paroles édifiantes, elle repondit que sa presence & celle de Messire Gandalbert la faisoit beaucoup plus souffrir qu'à l'ordinaire, & elle tomba à l'instant dans des grands mouvemens convulsifs, ayant perdu la parole & la connoissance; qu'alors Mre Giraud, revêtu d'une Etole, dit quelques prieres, & ensuite les Litanies des Saints, ayant fait mettre toute l'assemblée à genoux. La Cadiere étoit alors immobile, & sans aucune marque de connoissance; & quand Messire Giraud prononça ces paroles des Litanies, Sancta Trinitas unus Deus, ladite Cadiere fut dans des mouvemens & des convulsions très-violentes, en sorte qu'il falloit deux ou trois personnes pour la tenir; Mre Giraud ayant repeté trois fois les mêmes paroles, la même chose arriva, comme aussi quand il dit Sancta Catharina, Sancte Joannes-Baptista, & toutes les fois qu'il prononça les paroles qui expriment les Mysteres de Jesus-Christ. Après les Litanies Messire Giraud dit à la Demoiselle Cadiere si elle ne croyoit pas le Mystere de la sainte Trinité, elle repondit assez bas, comme une personne troublée, non je ne le crois pas, il n'y en a point, ce qu'elle avoit deja dit en latin en ces termes, non credo, nego, quand on disoit Sancta Trinitas unus Deus. Cependant étant revenuë de cet accident, & Messire Giraud lui ayant fait la même demande avec quelques reproches de ce qu'elle avoit repondu, elle dit n'en avoir ni souvenir, ni idée, & qu'elle croyoit de tout son cœur le Mystere de la sainte Trinité; après cela ces deux Curez se retirerent dans un autre apartement, pour voir si ces accidens arriveroient encore, pour n'être pas exposez à venir si souvent de nuit; & peu de tems après les personnes qui étoient dans la chambre de la Demoiselle Cadiere les apellerent toutes alarmées, & étant entrez dans ladite chambre, ils trouverent la Demoiselle Cadiere dans des transports & des convulsions plus violentes qu'ils ne l'avoient encore vûë, & comme ils refuserent de l'exorciser, l'Abbé Cadiere prit une Etole & un Rituel, & il commença les prieres de l'exorcisme; quand il prononça ces paroles, præcipio tibi ut dicas mihi nomen tuum, la Demoiselle Cadiere qui avoit été jusques là immobile, & comme morte, dit d'un ton extraordinaire, GIRARD JEAN-BAPTISTE, ce qu'elle repeta trois ou quatre fois qu'on prononça les mêmes paroles; quand son frere lui dit, cede, elle repondit du même ton cedarai pas; quand on le repetoit, elle repetoit aussi cedarai pas: son frere ayant ajoûté, non mihi, sed Ministro Christi, elle repondit fort bas, contraint. Quand Messire Giraud commença à faire les prieres, comme il avoit fait la premiere fois, & qu'il affectoit de les faire fort bas, la Cadiere, qui paroissoit n'avoir aucune connoissance, ni aucun sentiment, faisoit signe de sa main gauche comme une personne qui refuseroit quelque chose.* Messire Gandalbert finit par dire *que pendant ces accidens il avoit remarqué que tous les membres du corps de cette fille étoient extrêmement roides & inflexibles, que son col étoit enflé considerablement, & la peau tenduë comme celle d'un tambour, & que quand elle étoit revenuë, elle disoit n'avoir aucune idée de tout ce qui étoit arrivé.*

Messire

Messire Giraud, autre Curé de la Cathedrale, second témoin, dit *que dans la nuit du 17. au 18. Novembre après dix heures, un homme & les Demoiselles Calas & Reinaud vinrent heurter sa porte tout éfrayez, en lui disant de venir vîte à la maison de la Demoiselle Cadiere, parce qu'on croyoit que le Demon l'étrangloit: qu'y ayant été suivi de Messire Gandalbert, autre Curé, il la trouva étenduë par terre au milieu de sa chambre, entourée de beaucoup de monde, d'un Medecin & d'un Chirurgien qui firent tout ce qu'ils pûrent pour lui faire prendre quelque liqueur, mais ils n'en pûrent pas venir à bout, quoiqu'on lui fermât le nez; qu'étant ensuite revenuë, il s'aprocha d'elle, & lui dit, Mademoiselle Catin qu'avez-vous? De quoi vous plaignez-vous? Elle lui répondit, je suis toute rompuë; & le Curé lui ayant demandé si cela lui étoit arrivé d'autres fois, elle lui répondit qu'oüi; & que lui ayant demandé encore d'où cela procedoit, elle lui répliqua que cela lui venoit d'un soufle qu'on lui avoit fait depuis dix-huit mois; il lui demanda qui lui avoit fait ce soufle, & elle lui dit qu'elle ne se confessoit pas publiquement, & qu'elle le lui diroit en particulier, & en tems & lieu: & alors ces deux Curez se retirerent. Il n'y avoit pas demi heure qu'ils étoient dans leur chambre, qu'ils entendirent crier, Messieurs les Vicaires, venez vîte, la Cadiere est encore plus furieusement attaquée. Ces deux Curez retournerent chez elle, ils la trouverent dans son lit, faisant de grands efforts, son frere le Prêtre faisant des Prieres auprès du lit, & leur ayant dit de faire des Exorcismes sur sa sœur; ils répondirent, nous ne faisons point de semblables Exorcismes, sans suivre les regles convenables à cette Cerémonie. Alors Messire Giraud commença à faire des Prieres; & comme la Cadiere se tourmentoit toûjours beaucoup, Messire Gandalbert dit à ce premier qu'il falloit dire les Litanies des Saints, ce qu'il fit; que quand il fut à Sancta Trinitas unus Deus, la Cadiere disoit, non credo, nego; Messire Giraud affecta deux ou trois fois de repeter ces mêmes paroles, & elle fit toûjours la même réponse; quand Messire Giraud dit Sancte Joannes-Baptista, elle se tourmenta beaucoup, aussi-bien que quand il prononça les Mysteres de Jesus-Christ. Après les Litanies, Messire Giraud dit à la Demoiselle Cadiere, ne croyez-vous pas le Mystere de la Sainte Trinité; elle répondit, non; alors Messire Giraud ayant mis l'Etole sur le Corps de la Cadiere, elle la rejetta deux ou trois fois avec des paroles injurieuses & méprisantes, en disant, levo mi aqueou Pataraßoun. Lorsqu'elle fut revenuë, Messire Giraud lui dit, quoi Mademoiselle Catin, ne croyez-vous pas le Mystere de la Sainte Trinité? Elle répondit qu'oüi, & qu'elle ne sçavoit pas ce qu'elle avoit dit. Alors ces deux Curez se retirerent dans une autre chambre, mais ils furent bien-tôt apellez par des gens, qui leur dirent que l'accident avoit encore repris à la Demoiselle Cadiere. Ils rentrerent dans sa chambre, & la trouverent dans un état encore plus violent que le premier; elle se tourmentoit extraordinairement avec le visage contre l'oreiller. Messire Giraud s'aprocha d'elle, & trouva que ses membres & ses mains étoient fort roides & tenduës, son col plus enflé & tendu qu'à l'ordinaire, se tourmentant beaucoup. Son frere le Prêtre lui faisoit des prieres comme des Exorcismes, & lorsqu'il lui dit, cede, elle lui répondit, cedaray pas, ce qu'elle répeta quelques fois. Lorsque son frere lui dit, præcipio tibi, ut dicas mihi nomen tuum, elle répondit & répeta plusieurs fois, JEAN-BAPTISTE GIRARD. Ce témoin ajoûte, qu'avant que Messire Cadiere fit cette espece d'Exorcisme, il avoit lui-même fait une priere tout bas, & à dessein; mais elle avec sa main gauche, qu'elle remuoit en signe de rejet & de refus de ce qu'on faisoit, sembloit faire connoître qu'elle n'adheroit point à ce que l'on disoit.*

Les accidens d'obsession de la Demoiselle Cadiere sont non seulement prouvez par ces deux Curez, qui en étoient des témoins si légitimes; mais encore par un grand nombre d'autres témoins, & sur tout par Loüis Remouil Marchand, cinquiéme témoin; par Clement Garnier, septiéme; par Claire Etienne, dixiéme; par Claire Berarde, onziéme; par François Garnier, quinziéme; par François Calas, seiziéme; par Loüis Calas, dix-septiéme; par Catherine Artigue, trente-sixiéme; par Demoiselle Claire Sauvaire, cent-uniéme; par le Pere Jacques Bouisson de la Merci, cent-quatriéme; par Marie Hermite, cent-cinquiéme; & par Marianne Calas, cent-septiéme, qui déposent des faits & des circonstances encore plus extraordinaires, & sur-tout Marie Hermite, qui dit entre autres choses, d'avoir vû une fois la Demoiselle Cadiere dans son lit, ayant ses genoux retrécis jusqu'au menton, & étant au bord du lit, les membres roides, sans qu'on pût l'ôter de cette situation, & qu'elle resta trois jours dans cet état sans avoir pris d'autre aliment que quelques boüillons, panades, ou œufs du jour qu'elle vomißoit, n'y ayant que l'eau que son estomac suportât; & comme on voulut la porter en poids au milieu du lit, elle annonça qu'à trois heures elle seroit en état de se lever & qu'on feroit son lit, ce qui arriva effectivement, & s'étant recouchée, elle retomba dans les mêmes états jusqu'au lendemain.

La Demoiselle Cadiere n'est pas la seule Penitente du Pere Girard, qui a eu des accidens d'obsession; car il est prouvé par la procedure que c'étoit aussi là le partage de plusieurs autres Penitentes favorites de ce Directeur. Voici les témoins qui prouvent qu'il avoit mis la Laugiere dans le même état d'obsession.

Claire Roque, quarante-deuxiéme témoin, depose, *qu'un soir sur les dix heures ayant été apellée avec plusieurs autres personnes dans la chambre de Mariane Laugier, elle la trouva dans des grandes convulsions, levant les mains & les jambes en l'air; qu'étonnée de ces postures, ayant demandé à une des sœurs cadetes de la Laugier quel étoit son mal, elle lui repondit que c'étoit du mal de Dieu, & que ceux qui étoient presens ne pouvoient pas le comprendre.* Le Pere Girard pour faire accepter cet état d'Obsession à ses Pénitentes, & pour les empêcher de le declarer, leur faisoit accroire que c'étoit-là un mal divin.

Therese Bonifay, quarante-troisiéme témoin, depose, *qu'un soir ayant entendu crier au secours, elle monta en compagnie de trois ou quatres personnes dans l'apartement de Mariane Laugier, où elles la trouverent couchée dans son lit, jettant les hauts cris, faisant de l'écume par la bouche, levant les mains & les pieds d'une maniere extraordinaire; & qu'ayant demandé quel mal étoit celui-là, on lui dit que c'étoit la du mal de Dieu.*

Anne Belone femme de Maurin Boulanger, quarante-sixiéme témoin, depose, *qu'ayant servi Mariane Laugier dans le tems de sa maladie, elle l'avoit vûë attaquée plusieurs fois d'accidens convulsifs qui lui faisoient faire des contorsions extraordinaires; ce qui arrivoit assez souvent, & dans lesquelles elle disoit, bon Pere, bon Pere Recteur, je suis damnée; que le Pere Recteur étant venu, il restoit avec elle dans sa chambre, & quelquefois s'y enfermoit.* Ce témoin ajoûte, *que pendant ces accidens, la Laugier crachoit sur le Scapulaire & sur le Crucifix qui lui étoit presenté par la nommée Marie Laugier.*

Catherine Laugier, cinquante-troisiéme témoin, depose, *qu'il y a environ un an qu'elle se trouva diverses fois dans la maison de Mariane Laugier son amie, laquelle avoit des convulsions considerables, écumant de la bouche, faisant un pas de langue & ayant le col enflé; de sorte que quoiqu'elles fussent au nombre de quatre à cinq, elles avoient de la peine à la retenir, criant, demon, demon, faites-moi venir ce* diable de Pere Recteur, *qu'il me vienne tirer de cet état, puisqu'il m'y a mis: alors ce témoin lui apliqua son Scapulaire, lui presenta de l'eau benite, & un Crucifix, que ladite Laugier rejetta avec la main, mordant le Crucifix, & y crachant dessus, repetant toûjours qu'on lui allât faire venir le Pere Recteur. Ce témoin fut l'apeller trois differentes fois, & il vint toûjours, & entra dans la chambre de la Laugier, ne sçachant pas ce qu'ils faisoient dedans. Lorsque ces accidens lui eurent passé, ce témoin lui demanda quel étoit le mal dont elle étoit atteinte, & elle lui repondit que c'étoit le même mal que la Demoiselle Cadiere avoit, & qu'un jour que celle-ci en étoit si tourmentée, & que ladite Laugier s'étoit mise en prieres pour la delivrer, les diables quitterent la Cadiere & se saisirent d'elle, & qu'on avoit eu plus de peine à la tenir, qu'on en avoit eu à tenir la Cadiere.*

Elizabet Gaite veuve de Loüis Delor, cent neuviéme témoin, depose, *que l'année passée dans le Carême ayant été voir la Demoiselle Laugier, elle y trouva la Demoiselle Joinville, & quelques autres personnes, & s'étant aprochées du lit, elle trouva la Demoiselle Laugier tranquile, & que dans le même moment, celle-ci entra dans des transports violens, s'arrachant la Coëfe, dechirant le devant de sa chemise, malgré tous les soins qu'on prenoit pour l'en empêcher; criant à haute voix, étrangle-moi, étrangle-moi, faisant de l'écume de la bouche; & le Pere Recteur étant venu, après avoir demeuré un quart d'heure dans sa chambre avec elle, on la trouva dans son état naturel & tranquile.*

Demoiselle Therese Villeneuve, cent dixiéme témoin, depose, *que dans le carême dernier dans le tems que la Demoiselle Laugier avoit ses extases & ses accidens, elle alla par charité ou par compassion passer une après diné avec elle, & quand il fut environ 5. heures du soir la Demoiselle Laugier, qui étoit dans son lit, entra dans des mouvemens convulsifs qui lui firent horreur, & que la Demoiselle Cadiere, la Demoiselle Allemand, & elle témoin ne pouvoient venir à bout de la contenir dans son lit, qu'alors la Demoiselle Laugier lui dit, allez-vous en apeller le* diable de Pere qui m'a mis dans ces états, *qui vienne m'en tirer; que ce temoin fut aux Jesuites pour faire venir le Pere Girard qui lui* repondit qu'il n'y vouloit point aller, & de dire à la Demoiselle Laugier qu'elle *restât en repos, & qu'elle devoit sçavoir ce qu'il lui avoit dit.* Ce témoin depose encore, *qu'une autre fois dans le même Carême, étant dans la chambre de la Demoiselle Laugier avec la Demoiselle Cadiere & la Demoiselle Allemand, les accidens ayant pris à la Demoiselle Laugier, elle dit qu'elle vouloit se jetter de la fenêtre, & en parlant au demon elle ajoûta,* hé bien tu me veux, je me donne à toi, es-tu content? *qu'alors la Demoiselle Allemand lui dit ce n'est pas au demon, mais à Dieu que vous devez vous donner; & alors la Demoiselle Laugier se mit à pleurer, & dit,* quelle affaire! il faut que ce soit au diable que je me sois donnée. *Enfin ce témoin ajoûte, qu'un jour que l'accident prit à la Demoiselle Laugier dans son lit, y ayant passé la nuit, & lui ayant presenté le Crucifix sur les neuf heures du soir pour le baiser, elle le mordit & lui cracha contre; & que quand le Pere Girard y venoit pendant ces accidens, tout le monde sortoit de la chambre de la Laugier, où il restoit seul avec elle, & qu'elle revenoit ensuite à son état naturel.*

Therese Lionne dite l'Allemande, trente-neuviéme témoin, dans sa confrontation avec la Demoiselle Cadiere, à la requisition de celle-ci, & sur l'interpellation à elle faite par Messieurs les Commissaires, dit, *qu'elle a vû la Laugier dans des accidens très-violens, dans lesquels trois ou quatre personnes avoient grande peine à s'en rendre maîtres, & que dans cet état toute égarée, elle crioit,* il est aisé d'abuser une fille de 22. ans, j'ai le diable, j'ai le diable dans le corps.

Magdelaine Allemand, cent deuxiéme témoin, ajoûte dans son recolement, *qu'elle a vû la Demoiselle Laugier dans des accidens convulsifs si violens, que quatre personnes ne pouvoient point s'en rendre maîtres, & qu'un jour lui ayant presenté un Crucifix elle le mordit; qu'un autre jour dans ses accidens elle disoit,* allez-moi chercher ce diable de Pere qui m'a mis dans cet état.

L'Allemande mere, trente-huitiéme témoin, depose, *qu'elle avoit eu les mêmes accidens d'Obsession que la Cadiere, dont elle n'avoit été delivrée que par les exorcismes que le Prieur des Carmes lui avoit fait de l'ordre de l'Évêque;* elle ajoûte, *que la Guyol lui avoit dit qu'elle étoit dans les mêmes états.* Et Anne Cadiere, dix-huitiéme témoin, dit *qu'un jour que l'Allemande venoit de communier, elle lui dit, étant hors d'elle-même,* je viens de communier sans voir le Prêtre qui m'a donné la Communion, *ce qu'elle repeta plusieurs fois.*

Anne Batarelle, trente-huitiéme témoin, dit, *qu'elle avoit les mêmes accidens que la Cadiere,* & en raporte plusieurs faits, & entr'autres, *que pendant quatre à cinq fois après la Communion elle sentoit le Pere Girard à son côté gauche, comme incorporé dans elle-même, & que le lui ayant dit, il ne repondit rien:* Elle ajoûte, *que la Guyol lui avoit avoüé d'être aussi dans un état d'Obsession & d'avoir vû le diable sous des differentes figures.* L'Allemande & la Dame Boyer, cent huitiéme témoin, deposent aussi ce dernier fait.

Or il est certain que ce sont là incontestablement des faits d'Obsession. En premier lieu, ces réponses faites en latin par la Demoiselle Cadiere lors des Exorcismes, tandis que c'est là une langue qu'elle n'a jamais aprise ni entenduë, ne sont-elles pas une marque non équivoque d'obsession, suivant le Rituel Romain, & Tyræus, chap. 17. n. 7. & chap. 24. & cela est d'autant plus incontestable que ces réponses en latin quadroient parfaitement avec les demandes, & étoient faites par la Demoiselle Cadiere dans des momens où ses sens étoient si troublez & boulversez?

2°. Ces signes négatifs sur les prieres qu'on disoit tout bas, qu'elle ne pouvoit pas entendre, & cette dénegation expresse qu'elle faisoit de tous les Mysteres de la foy dans ces momens, & l'aveu qu'elle en faisoit ensuite après être revenuë de l'accident, sont encore des marques indubitables d'obsession, suivant Tyræus, chap. 26.

3°. Ce redoublement de convulsions & de tourmens par les prieres, suivant le même Auteur au même endroit.

4°. Ce roidissement de tous les membres, comme s'ils étoient de bois, & ensuite ces convulsions & ces efforts si grands, qu'à peine trois ou quatre personnes pouvoient retenir cette fille, & le col enflé, & la peau tenduë comme un tambour, sont pareillement des preuves certaines d'obsession, suivant Tyræus chap. 25.

5°. N'est-ce pas évidemment une preuve d'obsession que le rejet & le mépris que la Laugier faisoit du Crucifix qu'on lui presentoit dans ses accidens, en le mordant &

lui crachant deſſus, ſigne indubitable d'obſeſſion dans une perſonne qui ne fait pas pro-feſſion d'impieté, ſuivant Tyræus, chap. 26.

6°. N'eſt-il pas prouvé par trois Religieuſes du Couvent Sainte Claire d'Ollioules, qui ſont, la Dame de Leſcot Maitreſſe des Novices, vingtiéme témoin; la Dame de Raimbaud, vingt-deuxiéme; la Dame de Guerin, vingt-ſixiéme; que la Demoiſelle Ca-diere étoit ſouvent batuë des demons, & qu'on avoit pluſieurs fois reconnu ſur ſa perſonne des marques de leurs griffes?

Toutes ces preuves réunies enſemble permettent-elles de douter de la verité de l'ob-ſeſſion de ces quatre Penitentes du Pere Girard?

Mais n'a-t'il pas convenu lui-même par ſes propres réponſes perſonnelles, que la Demoiſelle Cadiere avoit été veritablement obſedée? Par ſa reponſe au 41. interrogat, n'a-t'il pas fixé l'époque de cette obſeſſion à la fin de Novembre, ou au commence-ment de Decembre 1729. & par ſa reponſe au 44. interrogatoire, n'en a-t'il pas ex-pliqué les effets? voici les termes de cet interrogatoire; *lui avons demandé quels étoient les effets de cette obſeſſion;* & voici ſa reponſe.

A repondu *que dans le commencement ce furent des peines interieures, qu'elle lui racon-toit, & qu'enſuite ce furent des douleurs exterieures, telles à peu près qu'ont ſouffert les Saints dans leur martire.* Et par ſa reponſe au 45. interrogatoire, n'a-t'il pas determiné la fin de cette obſeſſion au 20. Fevrier: a repondu *que cet état finit vers le 20. Fev.*

Il eſt vrai que par ſa reponſe au 42. interrogatoire, il nie d'avoir forcé la Demoiſel-le Cadiere à accepter cet état d'obſeſſion, & enſuite employant cette duplicité, que la direction d'intention entraine: il ajoûte *que quand même il lui auroit conſeillé de l'ac-cepter, ce ne ſeroit pas lui qui lui auroit communiqué par là le demon, mais qu'elle l'au-roit acquis par la permiſſion Divine, & pour la plus grande gloire de Dieu; & qu'il paroit abſurde que le demon ait été employé pour ſauver une ame.*

Mais ce retranchement qui renferme un aveu tacite de la part du Pere Girard, d'a-voir perſuadé à la Demoiſelle Cadiere d'accepter cette obſeſſion, n'a rien que de fri-vole, ſoit parce que la pretenduë viſion d'une ame en état de peché mortel, & cette inſpiration de l'en tirer par l'acceptation d'une obſeſſion, n'étoit qu'un preſtige du de-mon, employé par ce Directeur, pour avoir occaſion de perſuader à ſa Penitente d'ac-cepter cette obſeſſion, & d'executer les mauvais deſſeins qu'il avoit ſur elle; ſoit parce-que Dieu n'auroit permis cette obſeſſion, que de la même maniere qu'il permet le mal, ſuivant le ſentiment des Théologiens; mais ce n'auroit pas été cette permiſſion qui auroit procuré cette obſeſſion à la Demoiſelle Cadiere, mais bien le ſortilege de ſon Directeur, de la même maniere que Gaufridy ſit à l'égard de Magdelaine de la Palud.

Enfin comment oſe nier l'Accuſé d'être l'auteur de ces obſeſſions: car 1°. dès qu'il eſt convaincu de ſortilege, à qui veut-il qu'on puiſſe les attribuer qu'à lui?

2°. Les réponſes de la Demoiſelle Cadiere aux exorciſmes, n'en renferment-elles pas la preuve? En effet d'où vient que quand on diſoit dans les Litanies, *Sancte Joannes-Baptiſta,* qui eſt le nom de ce Directeur, & *Sancta Catharina,* qui eſt celui de la De-moiſelle Cadiere, ſes convulſions & ſes tourmens redoubloient ſi fort? D'où vient que quand le Prêtre qui faiſoit l'exorciſme, lui diſoit, *dic mihi nomen tuum,* elle répon-doit, *Jean-Baptiſte Girard,* & le repetoit toutes les fois qu'on lui faiſoit cette demande? D'où vient que quand le Prêtre preſſoit le demon de ſortir du corps de la Demoiſelle Cadiere, & lui diſoit en latin, qui t'empêche de ſortir, elle repondoit, *impudicité?* Tout cela ne prouve-t'il pas que le lien de cette funeſte union du Directeur avec la Peni-tente étoit le ſortilege, l'objet l'impudicité, & l'auteur le Pere Girard? D'où vient que la Laugier dans les tranſports & dans les fureurs de ſon obſeſſion, diſoit qu'on faſſe ve-nir *ce diable de Pere Recteur,* qui me tire des états où il m'a mis? D'où vient qu'il n'y a d'obſedées que les Penitentes de l'Accuſé? D'où vient enfin que la Demoiſel-le Cadiere dans ſa lettre du 24. Juillet, que le Pere Girard a produite lui-même, & dont il a par là aprouvé tout le contenu, ſuivant le principe de Dumoulin, lui re-prochoit d'être l'auteur de ſes états & de ſes obſeſſions, & que celui-ci par ſes lettres ne le conteſtoit pas?

Il y a encore ici quatre faits éclatants de ſortilege. Le premier eſt l'impuiſſance de prieres, dans laquelle le Pere Girard avoit mis la Demoiſelle Cadiere, & pluſieurs au-tres de ſes Penitentes, comme nous l'avons prouvé. Or cette impuiſſance de prieres eſt inconteſtablement l'effet de l'obſeſſion ou du ſortilege, ſuivant Tyræus, chap.

Le deuxieme, la Couronne & les Stigmates de la Demoiſelle Cadiere, & de plu-ſieurs autres Penitentes du Pere Girard. Ces Stigmates ſont prouvez & par une foule de témoins, & par les propres aveux de l'Accuſé. Mre Giraud ſecond temoin depoſe *qu'ayant été à la chambre de la Cadiere le jour de la transfiguration du 8. May, où il trouva la Guyol & la Reboul; la Guyol decouvrit un pied de la Cadiere pour lui faire voir le Stigmate qu'elle avoit, qu'il le vit effectivement; que la Guyol lui ajoûta que la Cadiere avoit*

avoit un autre Stigmate à l'autre pied, & un au côté gauche, avec une Couronne autour de la tête, où les picqueures d'épines paroissoient, & qu'elle le pressa de les voir, mais qu'il ne les voulut pas voir; il n'étoit pas si curieux que le Jesuite.

La Dame de Lescot, vingtième témoin, dit tant dans sa déposition que dans son récolement, *d'avoir vû la playe que la Demoiselle Cadiere avoit au côté, & celles qu'elle avoit aux pieds, & qu'elle crût, comme toutes les autres Religieuses, que c'étoient des Stigmates.*

La Dame Raimbaud, vingt-deuxième témoin, dit dans son recolement, *qu'elle a vû les Stigmates de la Cadiere ouverts & sanglans.*

Marie Hermite, cent-cinquième temoin, depose *que lors qu'elle étoit pensionaire au Couvent Sainte Claire d'Ollioules, elle a oüi dire aux Religieuses que la Demoiselle Cadiere avoit des Stigmates.*

La Dame Marianc Boyer Religieuse, depose *d'avoir vû elle-même les Stigmates de la Cadiere, & oüi dire que le Pere Girard les avoit baisez, après avoir ôté sa calote:* c'étoit une grimace pour cacher son jeu.

Il est encore prouvé par la procedure qu'il y avoit plusieurs autres Penitentes du Pere Girard, & sur tout la Guyol, la Laugier, la Gravier, l'Allemande, la Batarelle & la Reboul qui avoient aussi des Stigmates, ce qui avoit donné lieu à l'Allemande de dire au Pere Girard, *on diroit que les dons du Ciel sont aux encheres chez vous, puisque les Stigmates & les Extases sont si communs à vos Penitentes.*

L'Accusé par ses premieres réponses personnelles avoüe la verité de ces Stigmates, & de les avoir vûs. Par sa réponse au soixante-treizième interrogatoire, il convient d'avoir vû ces Stigmates quatre ou cinq fois; *a repondu qu'elle les lui a montré quatre ou cinq fois.* (Il ne faut pas croire que sa curiosité eût été si rare & si discrete.) Dans la même reponse, il fait la description des Stigmates des pieds, *& dit que c'étoit une playe large d'environ un demi écu, & que ces playes étoient ressemblantes à des Stigmates;* il dit que la Demoiselle Cadiere y avoit mis des emplâtres; mais dans sa reponse au soixante-quatorzième interrogatoire, il avoüe qu'il l'en avoit souvent reprise, & lui avoit reproché son peu de courage & son peu de foi: *lui Repondant l'avoit là dessus reprise très-severement de son peu de courage, & de son peu de foi.*

Dans sa reponse au soixante-quinzième interrogatoire, il dit *que la Cadiere ayant demandé à Dieu que les playes de ses mains ne parussent point, sa priere avoit été exaucée, mais que pourtant nôtre Seigneur lui avoit fait une petite impression sur les deux mains en dehors, en gage de Stigmates réels, qu'il prometoit de lui donner sur les mains avant sa mort.*

Dans le soixante-seizième interrogatoire, on lui demande s'il a vû le Stigmate du côté, & en quel endroit il étoit. Interrogé *s'il a vû la playe qu'elle avoit au côté, & en quel endroit elle étoit située; a répondu qu'il l'avoit vûë en effet; la playe lui avoit paru peu enfoncée, ordinairement sanglante, & large à peu près comme une piece de quinze sols, qu'il semble au Repondant que cette playe devoit être sur les fausses côtes à peu près à quatre doigts au dessous du téton gauche, du côté du flanc.*

A l'égard de la Couronne, elle est prouvée par les témoins qui parlent des transfigurations, & encore par l'aveu & la description que le Pere Girard en a fait dans ses réponses, en voici les termes: 130. Interrogé, *s'il a vû la marque de cette Couronne d'épines: a repondu l'avoir vûë, que c'étoit un petit cercle, large d'environ deux doigts, & teint de sang.*

131. Interrogé, *s'il y a vû du sang coulant.*

A repondu *que non, mais qu'une fois dans son Eglise, en apuyant la main sur le haut de sa tête, elle fit apercevoir le Repondant qu'il en découloit du sang sur le front, & se plaignit des douleurs qu'elle ressentoit.*

Il reste à sçavoir à quelle cause on peut attribuer ces Stigmates, s'ils sont l'effet d'une violente imagination, ou de la grace, ou du sortilege.

Nous reconnoissons l'empire de l'imagination sur les corps tendres, comme sont les enfans encore dans le sein de leur mere, sur lesquels elle fait des effets si surprenans, mais il paroît difficile à croire que dans une fille de dix-neuf à vingt ans, l'imagination seule puisse former & ouvrir des Stigmates de cette qualité.

Nous n'ignorons pas non plus, que Dieu ne puisse imprimer des Stigmates sur des Saints, qu'il veut distinguer par ces marques de la prédilection. Plusieurs Saints en ont été honnorez: & c'étoit à cette cause que le Pere Girard les apliquoit, lorsqu'il donnoit sa Penitente pour une Sainte; mais la decouverte de ce mistere d'iniquité, nous permet-elle de les raporter à une si sainte cause?

On ne peut donc attribuer ces Stigmates qu'à l'effet du sortilege: en effet le Prince des tenebres, comme disent les Theologiens, *est mimus & simius Dei*, & tout de même que Dieu imprime dans l'ame des Chretiens, par ses Sacremens, des caracteres de Grace; le demon marque ses esclaves sur leurs corps, par ces sortes de Stigmates.

I

De là vient que Zachias, *quæst. medic.* Legal, liv. 7. tit. 4. *de Stigmatibus Magorum,* *quæst.* 1. 2. 3. & 4. Delrio en son Traité *Disquisitionum Magicarum*, liv. 2. quæst. 4. & Théophile Rainaud en son excellent Traité, *De Stigmatismo sacro & prophano*, sect. 3. chap. 1. & suivans, décident qu'il y a veritablement des Stigmates que le demon imprime, & que ce sont là des marques de magie, ou de sortilege, *dubitari non potest, quin sint Stigmata magorum & sagarum à satanâ impressa.* En effet on trouva de ces marques à Gaufridy & à Madelaine de la Palud, comme il est prouvé par les rapports qui en furent faits par des Medecins & des Chirurgiens, en présence de deux Commissaires du Parlement.

C'est pour cela que ces Stigmates de Cadiere se fermerent par les Exorcismes faits par M. l'Evêque de Toulon, ou de son ordre, comme il est prouvé par plusieurs témoins, & sur tout par Magdelaine Allemand, cent-troisiéme témoin.

Le treisiéme sont les transfigurations. Messire Giraud second temoin depose que *le huit May* 1730. *le Sieur Cadiere marchand, frere de la Querelante, lui ayant dit que s'il vouloit voir quelque chose d'extraordinaire, il n'avoit qu'à aller à sa maison; il fut à la chambre de cette Fille, où il trouva son frere le Dominicain, & la Guiol à genoux devant le lit où étoit couchée la Demoiselle Cadiere: que s'étant mis au pied du lit, il vit la Demoiselle Cadiere avec un visage semblable à un Ecce homo, ayant la tête un peu panchée du côté gauche, qu'il vit ses yeux rouges, comme teints de sang, le front avec plusieurs goutes de sang, qui tomboient sur les joües, une empreinte de sang sur la levre superieure, & son menton avec plusieurs goutes de sang empreintes: la Guiol s'aprochant de lui, lui dit: qui ne se convertiroit pas en voyant cela! à quoi ce Curé ne repondit rien, mais s'adressant à la Demoiselle Cadiere mere, il lui demanda depuis quand cela étoit arrivé à sa fille, & elle lui repondit, depuis environ cinq heures de matin; & lui ayant demandé ensuite si cela passoit de lui-même, elle lui repondit qu'oüi; alors il s'aprocha du chevet du lit, prit la main de la Demoiselle Cadiere fille, qui étoit sur la couverture, pour voir si elle avoit fievre, & il ne lui en trouva point; il l'apella deux fois par son nom de baptême, mais elle ne repondit point, alors se tournant vers la mere & la Guiol, il leur demanda si cela lui étoit arrivé d'autres fois, & elles lui repondirent qu'il lui étoit arrivé d'autres choses bien plus extraordinaires; qu'on l'avoit vuë élevée en l'air: il ajoûte que le Pere Cadiere & la Guiol lui dirent que le Pere Recteur étoit sorti pour aller dire la messe, & que pendant son absence, ladite Cadiere avoit dit la messe à haute voix, le canon & les oraisons, & que pendant qu'elle recitoit ainsi les prieres de la messe, elle avoit élevé une petite Croix, qu'elle avoit entre ses mains, & qu'on comprit alors qu'il falloit que le Pere Recteur fût à l'élevation de la messe.*

La Dame de Lescot 'vingtiéme temoin, depose, *que le six Juillet* 1730. *la Demoiselle Cadiere ayant dit à la Sœur Raimbaud, que le lendemain il lui arriveroit quelque chose d'extraordinaire, le lendemain matin sur les 4. à 5. heures elle se rendit à la chambre de cette premiere, & qu'elle vit la Demoiselle Cadiere avec une espece ou figure de couronne sur son front, faite, comme si elle avoit été peinte, avec du sang, ayant le visage couvert de sang à peu près comme on peint un Ecce homo, & que sur le champ l'Abbesse envoya un porteur exprès au Pere Recteur, pour l'en avertir; que celui-ci etant venu quelque tems après, elle lui demanda si elle avoit vû le porteur qu'on lui avoit mandé, il repondit que non, & que son bon Ange le lui avoit revelé dans le tems qu'il disoit la messe, & que lui ayant fait une peinture de cette transfiguration, il dit que c'étoit là une impression du doigt de Dieu.* Ce temoin dans son recolement ajoûte, *qu'elle a vû la Cadiere disant la messe dans son lit, & que le Pere Girard l'avoit chargée d'écrire tout ce qui se passeroit d'extraordinaire dans cette fille, & de lui en remettre le memoire, pour servir un jour à l'édification du public;* & dans sa confrontation avec la Cadiere, elle dit d'avoir oüi dire à la Sœur Marie Beaussier, la cadette, *que quand le Pere Recteur vint à Ollioules le 7. Juillet, jour de la transfigura tion de Cadiere, elle lui dit que la Cadiere avoit communié au lit, & que le Pere Recteur lui repondit, ne voulez-vous pas que je le sçache, puisque je l'ai communiée moi-même?* à quoi la sœur

Beauffier repartit, comment cela fe peut-il, puifque vous étiez à Toulon? Ne fçavez vous pas qu'il y a des tranfports, repliqua le Recteur? Ce qui frapa fi fort la Sœur Beauffier, qu'elle en fut malade deux jours.

La Dame de Raimbaud, vingt-deuxiéme temoin, depofe *qu'ayant été prevenuë par la adiere, le foir du premier jeudi de Juillet dernier, 6. du mois, qu'il devoit lui arriver quelque chofe d'extraordinaire, elle fe rendit à fa chambre le lendemain, environ les 4. heures de matin, qu'elle la trouva ayant fur le front une couronne peinte, & fur fon vifage diverfes impreffions de fang fec, & enfin ayant tout le vifage, tel que l'on peint un Ecce homo, le tout fait avec la derniere perfection, les picqueures de verole, qu'elle porte fur fon vifage, ne fe connoiffant point, étant alors immobile, comme une perfonne morte, ce qui lui donna de la frayeur & de l'étonnement, & dura environ deux heures, & occafionna toute la Communauté de la voir dans cet état. Après qu'elle fut revenuë de ces affoupiffemens ou extafes, elle pria les Religieufes qui étoient au tour d'elle, de lui oter cette impreffion de fang qu'elle avoit fur fon vifage, ce que l'on fit effectivement avec un linge trempé dans l'eau. Cela ayant été raporté au Pere Girard, qui étoit venu le même matin, il leur dit qu'il falloit conferver ce fang, qu'il feroit des miracles dans fon tems, & que la Cadiere en avoit deja fait à Toulon. Ce temoin lui dit qu'elle avoit beaucoup fouffert felon les aparences, & le Pere Recteur lui repondit, non elle n'a pas fouffert, ce n'eft qu'une impreffion:* ce temoin ajoûte dans fon recolement, qu'elle a vû deux fois la Demoifelle Cadiere *dans fon lit, difant la meffe, & paroiffant communier; & qu'une autre fois elle la vit en extafe, difant les paroles que l'on dit quand on communie en Viatique, ouvrant la bouche, après quoi elle refta encore demi heure en extafe;* & dans fa confrontation avec la Demoifelle Cadiere, elle dit *d'avoir oüi dire à la Sœur Beauffier* le fait de la moitié de l'Hoftie, de la maniere que la Dame de Lefcot l'a déja raporté.

La Demoifelle Marie Hermite, cent-cinquiéme temoin, depofe *qu'étant penfionnaire au Couvent Ste Claire d'Ollioules, un jour du mois de Juillet, dont elle ne fe reffouvient pas, la Demoifelle Cadiere ayant annoncé que le lendemain elle devoit tomber en extafe, à quoi les Religieufes étoient attentives; le lendemain matin elle fut trouvée dans fon lit, les yeux fermez, & dans un état fort paifible, le fang lui decoulant du front & de la tête, ayant fes mains pareillement degoutantes de fang; & qu'alors la Superieure envoya à Toulon, pour faire venir le Pere Girard, qui arriva environ 9. heures, & trouva la Cadiere hors de fon extafe.*

La Dame Marie Guerin, Religieufe Clairifte d'Ollioules, vingt-fixiéme temoin, depofe *que le 7. Juillet, jour de la tranffiguration de la Demoifelle Cadiere, lorfque le Pere Girard fut arrivé, la Sœur de Beauffier la cadette dit au Pere Recteur qu'elle avoit vû communier la Cadiere, à quoi il repondit, ne voulez-vous pas que je le fçache, puifque c'eft moi-même qui l'ai communiée? qu'alors la Sœur Beauffier dit à la Dame Guerin, entens-tu cela? quelle merveille! ils font faints l'un & l'autre: & qu'enfuite le Pere Girard entrant dans la chambre de la Cadiere, qui étoit couchée dans fon lit, lui dit; ha petite gourmande vous venez toûjours me prendre la moitié de ma portion; qu'un autre jour que la Cadiere étoit en extafe, elle prononçoit le nom de Jean-Baptifte, & difoit qu'il y avoit un an qu'elle avoit fait fon mariage* (aparamment que cela fe raportoit à l'époque du foufle, & qu'elle lui avoit dit, par un effet du fortilege de fon Directeur, qu'elle fe livroit à lui.)

Paffons maintenant aux reponfes de l'Accufé. Par fa reponfe au foixantiéme interrogatoire, il dit que *la Demoifelle Cadiere avoit demeuré depuis le Jeudi faint, jufques au Samedi faint, en extafe; & que quand elle en revint, elle fe trouva les Stigmates au côté & aux pieds, le vifage plein de fang, & une Couronne fur la tête.*

61. Interrogé, *s'il l'a vuë en cet etat:* a repondu *qu'il l'avoit vuë le Vendredy faint après diné.*

67. Interrogé, *fi quand il la vit le Vendredy faint, elle avoit le vifage rem-*

pli de sang, s'il l'avoit essuyé avec une serviete, & si le sang couloit, ou s'il étoit figé.

A repondu *qu'elle lui dit, comme les Anges le Samedi saint sur les dix heures, & avant qu'elle eût repris ses esprits, lui avoient essuyé le visage avec une serviete, laquelle serviete teinte du sang representoit grossierement, à peu près, un visage ensanglanté, & la remit au Repondant, environ 15. jours après.* Voilà l'aveu de la transfiguration des trois derniers jours du Carême : voici l'aveu des autres transfigurations.

86. Interrogé, *quel jour devoit arriver cette vision, où la Cadiere devoit être suspenduë en l'air.*

A repondu *que ce fut le 8. du mois de Mai, jour auquel elle eut une espece de transfiguration, telle que celle du Vendredy saint.*

87. Interrogé, *ce qui lui arriva d'extraordinaire ce jour là.*

A repondu, *que lad. Cadiere ayant fait sortir sa mere, dès les quatre heures du matin, pour une demi heure, de sa Chambre, sa mere qui couchoit avec elle, étant rentrée, lui trouva le visage couvert de sang, & que lui repondant y étant appelé, il la trouva comme sans connoissance, & le visage teint de sang figé, & lui repondant, lui ayant tenu quelques discours de devotion consolans, elle lui repondit quelques mots, après quoi il se retira : qu'étant revenu l'après midi, sur la promesse qu'elle lui avoit faite, qu'elle devoit être suspenduë en l'air, il y trouva la Guiol, la Batarele, & la Reboul, qui lui raconterent, comme le Pere Cadiere leur avoit dit, qu'après la sortie du Repondant, lad. Cadiere avoit dit la messe, & communié miraculeusement, & avoit donné la benediction aux spectateurs avec sa croix ; qu'après elle étoit tombée dans des grandes convulsions, qui avoient fini par une aparence de mort ; qu'il demeura quelque tems auprès d'elle, tout seul, tout le monde qui l'avoit contemplée en cet état depuis le matin jusques alors, s'étant retiré dans une chambre voisine.*

116. Interrogé, *si quand il alloit à Ollioules, il entroit dans le Couvent.*

A repondu *n'y être entré qu'une seule fois, qui fut le 7. de Juillet, où la Cadiere eut une transfiguration toute pareille à celle du 8. May, & du 7. Avril.*

Et au 117. Interrogat, il ajoûte *que lorsqu'il fut à Ollioules, le 7. Juillet il trouva toute la Communauté extasiée des merveilles qui s'operoient dans la Cadiere.* Voilà l'aveu des trois transfigurations.

Au 88. Interrogatoire, ayant été interrogé, *s'il avoit été chez la Cadiere, un jour qu'elle avoit été sur le point d'être élevée en l'air :* Il repond *qu'il y avoit été, & que la Demoiselle Cadiere étant debout, tout d'un coup elle dit au Repondant qu'elle se sentoit élevée en l'air, mais qu'elle vouloit y résister, parce qu'elle sentoit en elle des intentions d'orgueil, & s'étant assise, elle se prit contre une chaise, & le Repondant lui dit alors qu'elle resistoit à l'esprit de Dieu, & qu'elle devoit s'y abandonner ; mais elle ayant changé de place deux ou trois fois, & paroissant toûjours vouloir resister, le Repondant sortit.*

Nous demandons à l'Accusé, à quelle cause il attribuë tous ces faits si extraordinaires & si prodigieux, ces Transfigurations & ces Communions par transports ? sont-ce là des miracles de la grace, ou des prestiges du demon, accompagnez de la profanation des Sacremens, comme on n'en peut pas douter, & par la qualité de ces faits, & par celle de tous les autres qui resultent de la procedure ?

Enfin il est prouvé que la Demoiselle Cadiere sçavoit le secret des consciences. Messire Giraud second témoin dit, *que le jour de la transfiguration du 8. Mai, la Guyol lui dit que la Cadiere connoissoit le fonds des consciences, & qu'elle lui avoit deviné tout ce qu'elle avoit fait, & ses pensées les plus secrettes, & qu'elle avoit fait la même chose à l'égard de plusieurs Prêtres à qui elle avoit donné des avis de conscience.* Le Pere Grignet Jesuite s'avoüe de ce nombre par sa lettre produite au procès.

L'Abbesse du Couvent sainte Claire d'Ollioules, dix-huitiéme témoin depose, *qu'elle a remarqué des choses si peu communes dans la Cadiere, qu'elle a eu lieu de croire, & a cru effectivement qu'il y avoit eu du Sortilege dans son fait ;*

&

& elle entre , auſſi-bien que pluſieurs autres Religieuſes , dans un detail qu'il ſeroit trop long de raporter ici : & dans ſa confrontation avec la Cadiere , elle ajoûte , *qu'un jour que la Guyol avoit eu une extaſe dans le Couvent d'Ollioules , après en être revenuë , elle dit que quand on étoit dans cette voye extraordinaire , on ſçavoit tout , & qu'on n'ignoroit rien.*

La Dame de Leſcot dans ſon recolement dit , *que la Cadiere avoit le ſecret des conſciences & des penſées les plus cachées.*

La Dame Guerin , vingt-ſixiéme témoin, depoſe, *que la Cadiere au retour d'une extaſe , lui devina tout ce qu'elle avoit penſé, ce qui l'étonna extrêmement , & augmenta l'idée de ſainteté qu'elle s'en étoit formée.*

A cela joignons l'aveu que l'Accuſé a fait par ſa reponſe au vingt-ſixiéme interroga-toire, où on lui demande quelles étoient les viſions & les choſes extraordinaires de la Demoiſelle Cadiere.

A repondu, *que c'étoit tantôt des mouvemens & des connoiſſances particulieres qu'elle recevoit de ce qui ſe paſſoit en elle, de ce qu'elle devoit faire , & de ce qui ſe paſſoit chez les autres.*

Or à quelle cauſe devons nous attribuer la connoiſſance que la Demoiſelle Cadiere avoit des conſciences, des penſées les plus ſecrettes, & de tout ce qui ſe paſſoit chez les autres? Etoit-ce là l'effet d'une ſainte revelation , ou de l'eſprit malin dont elle étoit obſedée? ce problême doit être decidé ſur la qualité de la direction , & l'on ne croit pas de rien riſquer en ſoûtenant avec Tyræus, chapitre 20. & Delrio , livre 4. chapitre 2. queſtion 2. & ſuivantes, deux Docteurs graves de la Société, qui ſont des garans ſi aſſûrez, que ces connoiſſances venoient de l'eſprit de tenebres, auquel ce Directeur avoit livré ſa Pénitente; car, comme diſent les Theologiens, & encore les Jeſuites que nous venons de citer, ſi verſez dans cette matiere , le demon ſçait par-faitement le paſſé, quoiqu'il ne ſçache pas l'avenir, du moins pour les évenemens qui dependent des cauſes abſolument libres. 4°. *Nihil dubitandum præterita dæmonem omnia memoriâ tenere, quæ vel alienâ relatione accepit, vel ipſo coràm geſta fuere ; tunc enim actus cognitionis cognoſcentis rem , ut præſentem , ſui ſpeciem in mente demonis impreſſam reliquit.* 5°. *De præſentibus res obſcura non eſt ; nam quæcumque actu exte-riore prodita ſunt , ut ſecreta furta , res perdita , theſauri olim defoſſi , metalla ſubter-ranea , quæ hominum cognitionem fugiunt , demonibus nota ſunt ,* dit le fameux Delrio en l'endroit cité, queſt. 2.

Tout cela prouve donc invinciblement que le Pere Girard eſt convaincu de Sorti-lege, & qu'il faudroit fermer volontairement les yeux à la lumiere pour reſiſter à l'é-vidence qui reſulte de tous ces faits.

Au reſte nous ne nous ſommes engagez à prouver d'une part, que l'Accuſé eſt vrai Quiétiſte , & qu'il nourriſſoit ſes Devotes des maximes du Quiétiſme , & de l'autre , qu'il a uſé d'Enchantement & de Sortilege à l'égard de ſes Pénitentes ; que pour faire voir que c'eſt par ces deux moyens qu'il eſt parvenu à abuſer d'elles , & ſur tout de la Demoiſelle Cadiere ; car ce n'eſt pas pour d'autres motifs que les Prêtres ſe plon-gent dans le Quiétiſme , & dans des Sortileges ; en ſorte que nous ne regardons ces crimes que comme des circonſtances agravantes de l'Inceſte ſpirituel qu'il a commis avec la Querellante , & qui fait le principal objet de ſa plainte ; & nous laiſſons au vengeur public à pourſuivre la punition de ces crimes de Quiétiſme , d'Enchantement & de Sortilege , qui font l'horreur de la Religion.

Que le Pere Girard eſt convaincu d'Inceſte ſpirituel avec ſes Pénitentes , & ſur tout avec la Demoiſelle Cadiere , & même d'Avortement.

Comme l'Inceſte , l'Adultere & les autres crimes de cette eſpece ſe commettent en cachette, la Loi n'a pas eu l'indiſcretion d'exiger pour leur preuve des témoins oc-culaires de l'action même, mais elle s'eſt contentée des préſomptions & de la preuve de certains faits d'où on puiſſe conclurre la conſommation du crime. En effet les plus libertins, & ceux même qui ſe font une fauſſe gloire de pareilles choſes , en fuyent les témoins ; à plus forte raiſon les gens d'Egliſe, les Prêtres, les Religieux , les Confeſſeurs , & ſur tout ceux qui ſe piquent d'une prétenduë auſterité de vertu, qui par leur état & le ſoin de leur reputation, ſont obligez à garder encore plus les apa-rences. Auſſi c'eſt un principe certain parmi tous les Criminaliſtes, & tous les Doc-teurs , que les préſomptions ſuffiſent pour la preuve de ces ſortes de crimes : *Cùm clam & occultè committi ſoleant Adulteria & prohibiti concubitus , ſintque ob id diffi-cilis probationis , factum hinc eſt , ut præſumptionibus & conjecturis probari poſſint ,* dit Menoch en ſon traité *de præſumpt.* liv. 5. præf. 41. n. 1. voyons maintenant ſi les faits dont nous avons la preuve & les préſomptions ſuffiſent pour convaincre ce Di-recteur de l'Inceſte ſpirituel , & de l'avortement dont il eſt accuſé ; nous allons mon-

K

trer qu'on n'a jamais raporté des preuves plus complettes de ces sortes de crimes, que celle que nous raportons, & qu'il faudroit renoncer à l'usage de la raison pour resister à leur évidence.

La premiere présomption nous la tirons de la qualité de la Morale des Jesuites sur cette matiere; nous avons bien voulu leur épargner tous les traits qui ne peuvent tomber que dans la censure generale de la Société, dont il y a tant de monumens publics dans les mains de tout le monde, & qui ne sont pas absolument necessaires pour le soûtien de la cause, quoiqu'on eût pû en employer quelques uns qui ne lui auroient pas été étrangers; mais ce seroit une prévarication, & trahir la deffense de la Demoiselle Cadiere, que de la priver de l'avantage qu'elle peut tirer de leur morale: chacun sçait combien elle est indulgente à cette passion favorita. En effet si le penchant du cœur vers le plaisir est si naturel: si la morale la plus severe est quelquefois une digue trop foible, qui pourra retenir la rapidité d'un cœur qui ne trouve en lui-même aucun principe contraire à son penchant, aucun frein qui l'arrête, & qui en suivant la douceur de son attrait, croit ne pas s'écarter beaucoup de son devoir? & ne peut-on pas dire que cette accusation est déja à moitié prouvée par la qualité de l'Accusé?

La seconde présomption est fondée sur cette frequentation continuelle du Pere Girard avec la Demoiselle Cadiere, qui a commencé d'abord après la premiere année, & depuis le jour de ce funeste soufle, & duré 18. mois, & jusqu'à la fin de sa direction, l'obligeant de l'aller voir tous les jours, sous pretexte de lui rendre compte de ses visions, & qu'il a continué chez elle lorsque ces accidens d'obsession l'empêcherent d'aller chez les Jesuites. La conscience d'une jeune devote est-elle semblable à un vaisseau qui dans une mer orageuse a besoin que le Pilote tienne continuellement la main au Gouvernail? Et n'est-ce là précisément que l'effet de la charité de la direction? Les Canons qui deffendent aux gens d'Eglise la frequentation des femmes, seroient-ils des Loix étrangeres aux Jesuites? Ces sages précautions ne seroient-elles necessaires qu'aux Prêtres seculiers & aux autres Religieux? & seroient-ils sur cet article des gens absolument invulnerables? Non ce n'est pas ainsi que l'Auteur de leur Institut en a pensé, & quand le ch. *7. regularum præpositi de communicatione cum externis, num. 72.* a recommandé au Prefet de ne point permettre que ceux qu'il a sous lui voyent des femmes, à moins que ce ne soit par une necessité, ou par l'espoir d'un très-grand bien: *Mulieres invisere nisi in necessitate, aut cum spe magni fructûs, nostros non sinat:* N'a-t'il pas jugé que la frequentation des femmes n'étoit pas moins perilleuse aux Jesuites qu'aux autres gens d'Eglise? & n'est-il pas à craindre qu'un Confesseur, quel qu'il puisse être, qui par son assiduité auprès de sa Pénitente, imite l'exemple d'un amant auprès de sa Maitresse, ne porte cette imitation plus loin?

La troisiéme présomption est tirée, de ce qu'au moment que le Pere Girard eut mis la Demoiselle Cadiere au Couvent Sainte Claire d'Ollioules, il l'alloit voir deux ou trois fois par semaine, & passoit plusieurs heures, & souvent même des jours entiers avec elle dans le parloir ou à la grille du Chœur, tous deux seuls. Voici les preuves qui en resultent de la procedure.

L'Abbesse de ce Couvent, dix-neuviéme témoin, depose, *que le Pere Girard lui avoit demandé la permission d'être au parloir seul avec la Demoiselle Cadiere, & qu'elle la lui avoit accordée.* Elle ajoûte dans son recolement, *qu'un jour que le Pere Recteur étoit venu à Ollioules voir la Demoiselle Cadiere, & qu'il l'avoit effectivement vûë le matin, elle donna ordre à la Portiere, qu'au cas qu'il revint l'après diné pendant les Offices pour la revoir, elle lui dît d'attendre qu'ils fussent finis: que le Pere Girard étant revenu pendant qu'on disoit Vêpres, & ayant demandé de lui faire venir la Cadiere au parloir, & la Portiere lui ayant dit d'attendre qu'elles fussent achevées, il en marqua son inquietude; que d'abord après Vêpres l'Abbesse envoya la Cadiere au parloir, & elle y fut ensuite: mais ce Directeur qui ne doutoit point que ce retardément ne fût l'effet de l'ordre de l'Abbesse, lui en temoigna son ressentiment par un air serieux & froid, & lui dit, Madame, vous êtes la Maitresse, il est bon d'entretenir la regularité, mais je suis venu de loin, & je me serois bien passé de venir dire mon Office dans cette Eglise, je l'aurois pû dire dans la mienne.* Comme tout le motif de son voyage étoit la douceur de s'entretenir avec sa Devote, il regardoit comme perdu tout le tems employé à Vêpres.

La Sœur Isabeau de Prat, Converse du même Couvent, vingt-quatriéme témoin, dit dans son recolement, *qu'un jour étant allée au Chœur pour y prier Dieu, elle trouva la porte interieure du Couvent fermée à clef, & ayant demandé pourquoi la porte étoit fermée, on lui repondit que la Cadiere y étoit, & que le Pere Recteur étoit dans l'Eglise.* La précaution qu'il prenoit de se fermer dans l'Eglise, & de faire fermer la Cadiere dans le Chœur lorsqu'ils s'entretenoient tous deux à l'ouverture de la grille, étoit-elle pour empêcher seulement l'interruption de quelques entretiens pieux,

& que ceux qui auroient pû l'entendre, n'en fuſſent édifiez?

La Dame de Leſcot, vingtiéme témoin, dit dans ſon recolement, *qu'elle a vû deux ou trois fois que le Pere Recteur après avoir dit la Meſſe reſtoit dans le Chœur de l'Egliſe, & Cadiere dans le Chœur interieur du Couvent, & que les Religieuſes alloient dîner; & à leur retour, comme elles ont coûtume d'aller en proceſſion au Chœur, elles trouvoient que la porte en avoit été fermée en dedans; ce qui eſt auſſi arrivé une fois le ſoir, dans le tems de leur colation, qui ſe faiſoit ordinairement à 5. heures, ne ſçachant pas pourquoi ce jour là ils n'étoient point au parloir.* Elle ajoûte, *que la veille de ſainte Claire que le Pere Recteur leur prêcha le matin, il dîna au parloir, & y reſta juſqu'au ſoir avec la Cadiere, & le lendemain il revint, & alla ce jour là dîner au cabaret, & après le dîné il retourna au parloir, & reſta juſqu'à quatre heures avec elle, & qu'alors ayant été prendre ladite Cadiere pour lui dire d'aller au Chœur, le Pere Recteur qui étoit reſté au parloir, lui envoya dire qu'il n'en ſortiroit point qu'elle ne vînt.*

Marie Materone, Tourriere du Couvent ſainte Claire d'Ollioules, huitiéme temoin, dit dans ſon recolement, *qu'elle a vû le Pere Girard & la Demoiſelle Cadiere fermez l'un dans l'Egliſe, & l'autre dans le Chœur des Religieuſes.*

Lucrece Materone, autre Tourriere, vingt-cinquiéme témoin, dit la même choſe dans ſon recolement.

Enfin le Pere Girard par ſa réponſe au cent vingt-cinquiéme interrogatoire, n'a-t'il pas avoüé qu'il voyoit la Demoiſelle Cadiere ſeule au parloir, & tête à tête. Interrogé *s'il ne la voyoit pas au parloir ſeule, & tête à tête?*

A repondu & accordé. Nous verrons tantôt ce qui ſe paſſoit au parloir, & à cette grille du chœur, & pourquoi on prenoit la precaution de fermer les portes.

La quatriéme eſt fondée ſur ce que dabord que l'Accuſé eut mis la Cadiere au Couvent d'Ollioules, non content d'y aller pluſieurs fois par ſemaine, & de paſſer pluſieurs heures, & même des jours entiers au parloir ou à la grille du chœur, avec elle, il lui écrivoit encore tous les jours des lettres, comme il eſt prouvé par celle du 22. Juillet 1730. où il dit au commencement, *voici la troiſiéme lettre en trois jours,* & dans la ſuite, *qu'elle ne pourra jamais l'atteindre, à moins qu'elle n'en écrive deux par jour.*

Or nous demandons à l'Accuſé ce qu'on doit penſer d'un Directeur qui eſt dans un commerce continuel de lettres avec une jeune devote, & qui lui en écrit tous les jours, & ſurtout d'un Jeſuite, à qui ſon Inſtitut, en l'endroit cité, deffend ſi ſevere-ment d'écrire des lettres à des femmes, à moins que ce ne ſoit par une grande neceſ-ſité: *Mulieres inviſere aut ad eas ſcribere, niſi in neceſſitate, noſtros non ſinat.*

La cinquiéme eſt tirée de la qualité des Lettres; car ſi la multitude des lettres for-me une préſomption de commerce, on peut dire que la qualité de ces lettres en ren-ferme la preuve entiere. Auſſi tous les Docteurs conviennent que quand on trouve au pouvoir d'une femme, d'une fille, ou d'un galant, des lettres d'amour, il n'en faut pas davantage pour prouver l'adultere ou le rapt; *ſeptima eſt conjectura perpetrati adul-terii, quando reperta ſunt littera amatoria ipſius mulieris. Prudentis Judicis arbitrio tri-buerem pro litterarum tenore,* dit Menoch en l'endroit allegué n. 39. après Pariſius en ſon Conſeil 54. liv. 4.

Si ce Directeur n'avoit pas pris la frauduleuſe précaution de faire retirer par la Gra-vier toutes les lettres qu'il avoit écrites à la Demoiſelle Cadiere, elles formeroient ſon journal amoureux, & nous n'aurions pas eu beſoin d'autre preuve, ni d'autre proce-dure pour le convaincre de tous les crimes dont il eſt accuſé. Mais la lettre du 22. Juillet, qui ſe trouva hors de la caſſette de la Demoiſelle Cadiere, lorſqu'elle rendit les autres, & qui lui eſt reſtée par une eſpece de miracle, ſuffira pour prouver la qualité des autres lettres qu'il a retirées: nous n'avons beſoin que d'en raporter ici quelques fragmens, & d'y ajouter quelques courtes réflexions.

Voici, ma chere enfant, la troiſiéme lettre en trois jours; bien-tôt peut-être ne pourrai-je plus rien faire que pour celle à qui j'écris: toûjours ſçai-je bien que je la porte par-tout, & qu'elle eſt toûjours avec moi, quoi que je parle & que j'agiſſe avec d'autres per-ſonnes. Que pourroit dire de plus à ſa maîtreſſe l'amant le plus paſſionné?

Oubliez-vous & laiſſez faire. Ces deux mots renferment la plus ſublime diſpoſition. L'Accuſé dans les nottes qu'il a faites ſur cette lettre, dit que c'eſt là *l'abneget ſemetipſum* de l'Evangile; mais eſt-ce ainſi qu'il explique l'Evangile à ſes penitentes? ces mots, *abneget ſemetipſum,* ſignifient-ils autre choſe que le renoncement de ſoi-même? On a vû juſqu'ici bien des Commentaires ſur les Evangiles, mais il n'y en a point qui ſe ſoit aviſé de donner un pareil ſens à ces mots, & d'en tirer cette maxime pour les femmes & les filles, *oubliez-vous & laiſſez faire.* Un pareil Commentaire ne pouvoit ſe faire que dans une lettre galante. N'eſt-ce pas là le pur Quiétiſme que ce Directeur prêchoit & loüoit à ſa devote, pour faire ceſſer toutes ſes répugnances? ce qui a pré-cedé & ce qui ſuit dans cette lettre ne permet pas d'en douter.

N'ayez point de volonté, & n'écoutez point de repugnance, vous obéirez en tout comme ma petite fille, qui ne trouve rien de difficile quand c'est son pere qui demande. Ceci & ce qui suit explique le motif pourquoi il avoit débuté par un témoignage d'amour si violent, & l'exhortoit au Quiétisme.

J'ai une grande faim de vous revoir, & de tout voir. Vous sçavez que je ne demande que mon bien, & il y a long-tems que je n'ai rien vû qu'à demi. Que l'amour est impatient ! il n'y avoit que quelques jours qu'il avoit été voir sa Devote à Ollioules, & qu'il l'avoit tenue tout le jour au parloir, & cependant il avoit une grande faim de la revoir. Il apelle le cœur de sa Devote son bien ; quel étoit son titre, à moins que ce ne fût le don qu'il lui avoit fait du sien, comme il le lui temoigne d'une maniere si tendre au commencement de cette lettre ? l'amour rend tout commun.

L'Accusé a fait ici une notte bien singuliere, il faut en raporter les termes : *Le Pere Girard n'avoit pas vû depuis long-tems, ni les Stigmates, ni ces côtes élevées, & c'est ce qu'il apelle son bien.* Bon Dieu quelle source feconde de réflexions ! S'il apelle les Stigmates, la Couronne & les côtes élevées de la Cadiere son bien ; c'est donc lui qui en étoit l'auteur par un effet de ses sortileges. S'il y avoit long-tems qu'il ne les avoit pas vû, il les avoit donc vû autrefois. Il avoit donc vû souvent ces Stigmates, & sur tout celui du côté, quatre doigts au-dessous du teton gauche, & ces côtes élevées ? Quelle connoissance entiere de tout le corps de sa Devote, & cette curiosité, cette ardeur de les revoir, n'excedoit-elle point la charité de la Direction ?

Mais quel sens peut donner l'Accusé à ces mots, *de tout voir, il y a long-tems que je n'ai rien vû qu'à demi.* Il en est de même de ces termes : *Je vous fatiguerai, hébien ne me fatiguez-vous pas aussi ; il est juste que tout aille de moitié.* Tout cela forme un texte trop clair pour avoir besoin de commentaire, il n'y auroit même que le chaste Sanchez qui fut capable de le faire.

Je conte bien qu'enfin vous deviendrez sage, tant de graces & d'avis ne demeureront pas inutiles . . . . . . Vous êtes une inconstante, ce seroit bien encore pis si vous deveniez gourmande . . . . . Bon soir ma chere enfant, pourrez-vous déchifrer mon grifonnage. C'est là le langage d'un homme qui badine de tout, & qui abuse de tout.

Comptez bien, cette lettre-ci vous dit que vous venez toujours après-moi, il est dangereux que vous ne m'ateigniez pas à moins que vous n'en écriviez deux par jour. Est-ce là le Confesseur ou l'amant qui parle, & que peut-on dire de plus à une maîtresse qu'on adore ?

Adieu ma fille, priez Dieu pour vôtre pere, pour vôtre frere, pour vôtre ami, pour vôtre fils, & pour vôtre serviteur. Voilà bien des titres pour interesser un bon cœur. Que l'Accusé sçait bien le chemin du cœur, & cumuler tous les titres qui peuvent l'attendrir !

Toute cette lettre n'est-elle pas remplie d'un air d'enjouëment & de galanterie, de sentimens de tendresse les plus délicats & les plus passionnez ? N'est-ce pas bien là *amatoria Epistola*, que tous les Docteurs regardent comme une preuve certaine du commerce ? Et si cela est vrai à l'égard des gens du monde, il l'est encore plus à l'égard d'un Directeur, & d'un Directeur revêtu des dehors d'une austerité de vertu, que tant de raisons devoient empêcher d'écrire de pareilles lettres, & qu'on ne peut attribuer qu'à ce dernier aveuglement de la passion ? Et il reconnoissoit si bien que cette lettre étoit très-criminelle, qu'il n'eut garde de la signer.

Telles étoient la plûpart des autres lettres que le Pere Girard lui avoit écrites lorsqu'elle étoit au Couvent d'Ollioules, & qu'il avoit fait retirer par la Gravier.

Envain le Pere Girard s'avise d'oposer qu'il a remis à Messieurs les Commissaires 16. des lettres qu'il avoit retirées de la Cadiere, que ces 16. lettres ne contiennent rien de mauvais & qu'il faut expliquer celle du 22. Juillet par celles-là. Car. 1°. on le défie de venir à bout de purifier par aucun art, ni par aucun Commentaire, la lettre du 22. Juillet.

En second lieu, d'où vient que d'environ cent lettres qu'il avoit écrites à la Demoiselle Cadiere pendant les trois mois & demi qu'elle avoit demeuré au Couvent Sainte Claire d'Ollioules, comme la lettre du 22. Juillet le prouve si bien, il n'en represente que seize, & pourquoi est-ce qu'il ne represente pas toutes les autres ? Le prétexte de l'Accusé dans ses nottes manuscrites qu'il fait courir sourdement dans les mains de ses amis, est admirable. Il dit qu'elles ont quelque raport aux Confessions de la Querelante, & que cela l'empêche de les produire. Mais quelle aparence y a-t'il qu'elle lui parle dans ses lettres de matiere de confession, tandis qu'on voit que ce commerce de lettre rouloit sur toute autre chose ? D'ailleurs avoit-elle besoin de lui écrire pour sa confession, puisqu'il alloit la voir deux ou trois fois par semaine ? On voit bien que ce n'est-là qu'un mauvais écart de la part de l'Accusé ; mais pour lui faire cesser tout prétexte, elle l'interpelle de les produire, quand même il faudroit suposer contre la verité & l'évidence, qu'elles eussent quelques raport à sa Confession. En effet, qu'y a-t'il à menager dans l'etat où les choses en sont ?

En

En troisiéme lieu, il est certain, & on ne peut pas le revoquer en doute, que les seize lettres qu'il a remises, ne sont pas de celles qu'il lui avoit écrites, mais bien des lettres qu'il a refaites, & pour en être convaincu, il suffit de faire reflexion.

1°. Que si les lettres qu'il écrivoit à la Demoiselle Cadiere n'avoient rien contenu de mauvais, si elles n'avoient renfermé qu'une morale pure & saine, auroit-il pris la precaution, en mettant cette fille au Couvent d'Ollioules, de stipuler de l'Abbesse pour condition, qu'elle ne verroit point les lettres qu'il écriroit à la Demoiselle Cadiere, ni celles que la Demoiselle Cadiere lui écriroit, comme il est prouvé par sa lettre du 5. Juin 1730. *une seconde faveur que je prens la liberté de vous demander, c'est que cette Demoiselle puisse m'écrire, sans que ses lettres soient lûes, & que mes reponses aillent de même à elle sans être vûes:* ce sont les termes de sa lettre. N'auroit-il pas été bien aisé que ces lettres de part & d'autre, eussent passé, suivant les regles, par les mains de l'Abbesse, si elles avoient dû l'édifier, ou du moins ne la pas scandaliser.

2°. Si ces lettres n'avoient renfermé que des pieuses exhortations, ou des conseils charitables de direction; lorsqu'il sçût que M. l'Evêque avoit ordonné à la Cadiere de prendre un autre Directeur, les auroit-il retirées avec tant d'empressement? auroit-il envoyé pour cela exprès la Gravier à Cadiere, pour les retirer, comme il est prouvé par la procedure, & convenu au procès? Cette demarche n'est-elle pas une preuve sans replique, que les lettres qu'il a retirées, étoient de la même qualité que celle du 22. Juillet, qu'autrement il ne les auroit pas retirées, & que quand il les a ratrapées avec tant de soin, ce n'a pas été pour les produire, mais pour les supprimer, & que celles qu'il a ensuite produites ne sont pas les mêmes, mais d'autres qu'il a fabriquées à leur place.

3°. Le Pere Girard avoit écrit deux sortes de lettres à la Demoiselle Cadiere; il lui en écrivoit quelques unes, où il n'y avoit qu'une morale indifferente, pour en faire montre, & il les signoit; & à l'égard des autres qui ne rouloient que sur des sentimens de tendresse & d'amour, il ne les signoit point, & les lui faisoit rendre en particulier; ce fait est prouvé au procès en deux manieres; d'une part, par les lettres du Pere Girard des 22. Juillet & 15. Septembre, la premiere qui étoit une lettre d'amour, est sans signature, & l'autre qui ne contient rien de pareil, est signée; & de l'autre part, la Batarele dans sa confrontation avec le Pere Cadiere, où elle dit qu'elle porta tout à la fois trois lettres du Pere Girard, dont il y en avoit une pour l'Abbesse, & les deux autres adressées à la Demoiselle Cadiere, & qu'elle en remit une de ces deux-là à l'Abbesse, (c'étoit la lettre indifferente) & l'autre à la Demoiselle Cadiere immediatement (c'étoit celle du secret.)

4°. D'où vient qu'il ne represente pas les lettres qu'il avoit écrites à la Demoiselle Cadiere les 20. & 21. Juillet 1730. dira-t'il qu'il ne lui en avoit écrit aucune ces deux jours? mais ces mots de sa lettre du 22. *voici la trosiéme lettre en trois jours*, ne prouvent-ils pas le contraire? & s'il ne produit pas ces deux lettres qui sont si voisines de l'autre, & qui seroient bien plus propres à l'expliquer; c'est parce qu'elles sont aussi venimeuses, & peut-être plus.

5°. Pourquoi ne represente-t'il pas aussi la lettre, par laquelle il avoit marqué à la Demoiselle Cadiere, d'un air badin, que si elle n'étoit pas sage, elle auroit le foüet; & que ce seroit son cher Pere qui le lui donneroit lui-même; & l'autre lettre, dans laquelle il lui avoit marqué ce qu'elle devoit dire à sa confession, si elle se confessoit au Gardien des Observantins, qui étoit le Confesseur du Couvent, avec deffense de lui rien dire de plus. L'existence de ces deux lettres est prouvée, sçavoir, de la premiere, par le recolement de la Dame de Lescot, Maîtresse des Novices, qui dit *d'avoir vû & lû une lettre du Pere Recteur, entre les mains de la Cadiere, où il lui marquoit que si elle n'étoit pas sage, il lui donneroit le foüet:* & celle de l'autre, par la deposition de la Demoiselle Victoire Aubert, qui dit, qu'étant au Couvent Ste Claire d'Ollioules, la Demoiselle Cadiere lui avoit montré un formulaire de la Confession que le Pere Girard lui avoit envoyé. Ces deux faits, & sur tout celui du formulaire de la Confession, sont une belle preuve du commerce de l'Accusé avec sa Pénitente, puisqu'il ne pouvoit lui avoir envoyé ce formulaire, & deffendu de rien dire de plus au Gardien des Observantins, dans sa confession, que dans la crainte qu'elle ne lui developât ce mistere. Que d'abominations!

6°. Ce qui ne permet pas de douter que les 16. lettres que le Pere Girard represente, ont été refaites, c'est la difference extrême qu'il y a entre ces 16. lettres & celle du 22. Juillet, puisqu'on ne trouve dans aucune de ces 16. lettres cet air enjoüé, galant & passionné, qui est repandu sur toute la teneur de la lettre du 22. Juillet.

7°. Il faloit que les autres lettres que l'Accusé a retirées, & qu'il suprime, fussent si passionnées, & qu'il fût si en coûtume de les écrite dans ce goût à la Demoiselle Cadiere, que quoi qu'il les ait refaites, il n'a pas pû les purger entierement de ce venin d'amour, dont elles étoient si infectées, puisqu'on y trouve encore tant d'expressions enflâmées; il est vrai qu'il fait semblant de les addresser à Dieu, au lieu que dans la lettre du 22. Juillet , il les addreſſoit à la Demoiſelle Cadiere, mais qui croira que des gens qui nient le precepte de l'amour de Dieu, ayent pour lui des expreſſions d'amour ſi annimées ? & n'eſt-il pas évident que par un abus de la Religion , il a voulu cacher les flâmes impures dont il brûloit pour ſa Pénitente , ſous la fauſſe aparence de l'amour de Dieu? cela eſt ſi vrai, que par une de ſes lettres refaites, du 30. Juillet 1730. après lui avoir tenu bien des diſcours tendres, qu'il faiſoit ſemblant d'adreſſer à Dieu, il finit par ces mots: *je ſuis ce que vous m'avez crû dans les jours les plus ſereins & les plus doux.* Quel vaſte champ de reflexions contre lui ne nous fourniroient pas ces lettres , quoique refaites, & celles de la Cadiere, dont il avoit ſi fort empoiſonné l'eſprit & le cœur? mais nous n'en avons pas le tems , & le ſujet n'eſt d'ailleurs que trop abondant & trop fertile ; nous ne ſçaurions pourtant paſſer ſous ſilence la lettre que la Guyol écrivit à la Demoiſelle Cadiere , le 30. Août 1730. au ſujet d'une petite broüillerie entre ce tendre Directeur & ſa chere Devote , que l'induſtrieuſe Guyol vouloit reconcilier.

30. Août 1730.

MA TRE'S-CHERE SOEUR ,

Lundy arrivant à Toulon vers l'heure du midi, je fus me deſcendre à la Porte des Jeſuites. Je vis un moment nôtre cher Pere abimé dans la derniere des déſolations ; il me dit d'abord que ſi j'avois quelque choſe de déſolant à lui dire, je n'avois qu'à me taire, & que je ne manquaſſe pas d'aller lui écrire ſur le champ, & lui porter ma lettre le ſoir après ſon Sermon aux Dames de Sainte Urſule ; ce que je fis , avec beaucoup de difficulté , & je mis ſur le papier ce que nôtre grand Dieu m'inſpira. J'ay été ce matin le voir , de retour de la campagne depuis le ſoir de Saint Auguſtin. Je ne ſçai ſi au dernier moment de ſa vie, il ſera plus mourant qu'aujourd'hui ; je lui ai demandé quelle étoit ſa diſpoſition, & ſi ſa douleur étoit toûjours la même ; il m'a répondu avec grande confiance, que ſon amertume augmentoit de moment en moment , & que ce matin en s'éveillant il avoit eû un redoublement de déſolation , qu'il m'a donné à comprendre qu'il lui ôtoit entierement la parole. Ma très-chere Sœur , je vous laiſſe à penſer à quel point doit être l'excès de ma triſteſſe , voyant les deux perſonnes que j'aime & que j'eſtime le plus au monde , réduites à la derniere des épreuves ; & tout cela qui en eſt la cauſe, c'eſt vous, ma très-chere Sœur, il ne falloit de vôtre part qu'un mot de réponſe ſur le champ avec grande ſimplicité , & l'on auroit été en paix. Quand vous me dites que nôtre bon Dieu n'aprouve pas vôtre réponſe ſur la lettre reçüe après l'ordre de vôtre cher Pere, vous me fîtes une très-grande compaſſion ; il reçut vôtre lettre le Dimanche ſur les neuf heures du matin , dont il a lieu d'être très-mécontent ; vous ne lui répondez que bien de juſtifications de vôtre part, & tout le tort pour lui. Dieu ſoit beni ! qu'il daigne vous ouvrir les yeux une fois pour toutes. Quoiqu'il en ſoit Vendredy ſa charité le conduira à Ollioules , après avoir dit la Meſſe ici à Toulon. Ma tres-chere Sœur , je vous demande en grace par les mérites de Jeſus-Chriſt , de lui parler avec toute la ſincerité qu'il vous ſera poſſible ; puiſqu'il veut bien vous conſoler , faites en ſorte qu'il le ſoit à ſon tour. Vous n'ignorez pas que la grande part que je prends à ce qui vous concerne , me donne la liberté de vous parler de la ſorte ; mais pardon, ma chere bonne, je finis en vous témoignant toute la part que je prends à la conſolation que vous recevrez Vendredi , jour deſtiné au plus grand de tous vos bonheurs. Ma chere Sœur , je vous embraſſe du meilleur de mon cœur. Je m'unis toûjours plus étroitement avec vous, en ne vous quittant jamais au pied de la Croix de nôtre Sauveur J. C. Bon ſoir.

Cette lettre non ſignée, & dictée par l'Accuſé à la Guyol, (car autrement la femme d'un Menuiſier n'auroit pas été capable d'en compoſer une pareille,) & où ce premier , à ſon ordinaire, jette toûjours quelques mots conſacrez à la pieté , prouve évidemment d'une part la violence de ſon amour pour ſa Penitente , puiſqu'un peu d'indifference, ou une lettre moins tendre de la part de celle-ci , avoit été capable de le jetter dans la derniere des déſolations ; & de l'autre elle caracteriſe parfaitement la fonction de la Guyol, qui ſe donnoit tant de peines pour réünir ces deux amans, & qui prenoit tant de part au plaisir & au bonheur qu'ils devoient goûter dans la premiere entrevûë destinée à leur reconciliation.

La cinquiéme se tire de ce qu'il est prouvé par la procedure, que lorsque le Pere Girard étoit tout seul tête à tête avec la Devote à la grille du chœur ou au parloir, il faisoit ouvrir à la Cadiere un petit carré de la grille avec un petit coûteau qu'il lui prêtoit, lui faisoit passer la tête par-là, l'embrassoit & la baisoit; voici les témoins qui le prouvent.

Marianne Materone, huitiéme témoin, dépose *qu'un jour dont elle n'est pas mémorative, & qui pouvoit être environ dans le mois d'Août, montant doucement dans le parloir du Monastere Sainte Claire d'Ollioules, dont elle est Sœur Tourriere, dans le tems que le Pere Girard, Recteur des Jesuites, étoit dans ledit parloir avec la Demoiselle Catherine Cadiere, elle trouva la fenêtre de la grille ouverte, où ladite Cadiere avoit passé la tête, s'embrassant & se baisant avec ledit Pere Girard, & ayant demandé audit Pere à quelle heure il vouloit dire la Messe, & de quelle couleur il vouloit les ornemens, il lui repondit, que c'étoit à dix heures, & qu'il falloit les ornemens blancs; que la veille de Sainte Claire, après que le Pere Girard eut prêché le matin à la grille du chœur, il monta au parloir où il devoit dîner, & dans lequel la Déposante avoit préparé la table autant éloignée de la grille qu'elle avoit pû, ne voulant pas à ce qu'elle dit que le Pere Girard fût si proche de la Cadiere, & qu'alors le Pere Girard prit la table avec impetuosité & violence, l'aprocha de la grille, & dit à la déposante, vous voulez bien m'éloigner de ma fille : & comme la déposante avoit le soin de ce qu'il falloit pour garnir la table, & ayant demandé à ladite Cadiere d'aller prendre la clef qui ouvre la fenêtre dudit parloir, le Pere Girard répondit que cela n'étoit pas necessaire, & ayant présenté à la Cadiere un petit coûteau qu'il avoit, & qu'il avoit tiré de sa poche, à peine l'eut-elle apuyé sur la serrure, que ladite porte s'ouvrit, & se mit en lieu à pouvoir observer s'ils avoient besoin de quelque chose, & quoiqu'ils n'eussent besoin de rien, elle les observa toûjours, & vit que pendant le dîné ledit Pere Girard tenoit une de ses mains dans celle de Cadiere, & que de l'autre, s'en servoit pour manger. Ajoûtant, qu'un autre jour, après que le Pere Girard eut dit la Sainte Messe, & fut se deshabiller, il vint à la grille du chœur, dont la fenêtre étoit ouverte, & ledit Pere Girard ayant dit à elle déposante qu'il étoit bien aise de dîner alors, elle lui répondit qu'elle alloit avertir l'Hôte chez lequel il dînoit ordinairement, n'ayant jamais dîné qu'une seule fois dans led. Couvent, qu'à l'occasion de leur Fête. Quand elle fut à la porte de l'Eglise, qui est à deux Batans, elle fit semblant de sortir, & resta en dedans par un esprit de curiosité, & ayant tourné la tête, elle vit que la Cadiere avoit la tête hors de la fenêtre de la grille, qu'ils s'embrassoient & se baisoient avec le Pere Girard, qu'elle avoit entendu dire quelquesfois par ledit Pere Girard à la Cadiere, ma chere fille, mon cher enfant, ma petite de trois ans.*

Sœur Izabeau de Prat, Converse, vingt-quatriéme témoin, dépose *que le jour que le Pere Recteur entra dans le Couvent, au sujet de la Transfiguration de ladite Cadiere, le soir quand il se retira, elle vit que ladite Cadiere qui l'accompagnoit l'embrassoit par les côtez, & quelqu'une lui ayant dit, ils se baisent, elle regarda, & vit à travers une vître qu'ils se parloient tête à tête & face à face, mais elle ne vit point qu'ils se baisassent, celle qui lui dit avoir vû qu'ils se baisoient est la nommée Lucrece Materone, Sœur Tourriere.*

Lucrece Materone, vingt-cinquiéme témoin, dépose *que le jour que le Pere Recteur entra dans le Couvent, au sujet de la Transfiguration de ladite Cadiere, lorsqu'il en sortit il demanda à l'Abesse de dire un mot en particulier à ladite Cadiere, elle vit alors que l'un & l'autre s'embrassoient & se baisoient.*

La Dame Marie Guerin, vingt-sixiéme témoin, dépose *que la derniere fois que le Pere Recteur dit la Messe dans le Couvent Sainte Claire d'Ollioules, il fut devant la grille du chœur, ladite Cadiere étant en dedans, & le Recteur en dehors, elle vit qu'ils se touchoient la main, & qu'ensuite ladite Cadiere avançoit la tête en dehors, ce qui obligea la déposante de lui dire en parlant à ladite*

Cadiere, que si la Communauté la voyoit, elle l'interprêteroit en mauvaise part; & ensuite la Communauté étant survenuë, ladite Cadiere se retira de son côté, & le Pere Recteur du sien.

Il est donc prouvé par ces quatre temoins, que quand le Pere Girard & la Demoiselle Cadiere étoient seuls au parloir ou à la grille qui est entre le chœur interieur & le Sanctuaire, ils s'embrassoient & se baisoient, & cela après qu'il venoit de dire la Messe; n'est-ce pas là ce que le Prophete appelle l'abomination de la desolation dans le lieu saint? & que le jour que la Tourriere avoit mis la table trop éloignée de la grille du parloir, cet enflamé Directeur, après s'en être plaint, la poussa lui-meme contre la grille, & que pendant le dîné il tenoit sa main dans celle de la Cadiere, & mangeoit de l'autre; & voilà pourquoi il prenoit la precaution de fermer ordinairement les portes.

Or tout cela, & surtout ces embrassemens & ces baisers ne sont-ils pas une preuve incontestable de l'Inceste spirituel de ce Directeur avec sa Penitente, suivant tous les Docteurs, & même ceux de la Société. Saint Ciprien en sa lettre à Pomponius, *de Virginibus*, dit que les embrassemens & les baisers suffisent pour prouver le crime en la personne d'une fille, & son deshonneur: *Certè ipse complexus, ipsa osculatio, quantum dedecoris & criminis confitentur.* La Glos. sur la Loi 13. au ff. *ad Legem Juliam, de adulteriis*, où Ulpien decide que le mari & le Pere qui surprennent le galant *in ipsis rebus Veneris*, peuvent le tuer impunement, en expliquant ces paroles, *rebus Veneris*, dit que ce sont les préludes de l'amour, comme les colloques, les repas, les baisers, &c. & que c'est là une présomption très-violente du crime: *sunt enim res Veneris antecedentia ipsum scelus, scilicet aparatus, colloquia, locus constitutus, convivia, basia, tactus; nam ab ipsis argumentum sceleris inducitur.* Barthole qui est le chef des Interprêtes du droit civil, sur la Loi *capite quinto*, au même tit. du ff. demande quelles sont les preuves suffisantes de l'Adultere: *quæro quæ sunt sufficientes probationes Adulterii:* & il decide qu'il suffit que des témoins disent d'avoir surpris une femme seule avec un homme dans un lieu, s'embrassant & se baisant: *nota ergò quod si testis dicit quod eum invenit in camerâ solum cum solâ, vel osculantem, vel tangentem, quia ista sufficiunt ad probationem Adulterii;* & il ajoûte que c'est là le sentiment de la Glos. & de tous les Canonistes sur le ch. *prætereà extrà de præsumpt.* sur le ch. *litteris* & sur le ch. *tertio loco de testibus.* Menoch en l'endroit cité n. 27. n'exige pas d'autres preuves pour convaincre une femme d'Adultere, que des baisers avec un autre homme que son mari: *est ergò osculum sufficiens ad probandum adulterium.* Alexandre, volum. 7. conf. 13. n. 13. atteste que c'est là l'opinion commune des Docteurs, *est communis conclusio sufficere probare quod fuisset inventa cum aliquo in camerâ, cum solo osculante vel tangente:* parce, comme ajoûte le Cardinal Panorme sur le ch. *prætereà*, & après lui Mr le Président d'Argentré, que les embrassemens & les baisers sont les actes immediats & les plus prochains: *adhuc plus dico quod probata erit fornicatio, si viderunt virum & mulierem in latebris se osculantes & amplexantes, quia isti sunt actus propinqui ad actum.* Les Docteurs de la Société dont l'autorité doit être ici encore d'un plus grand poids, ne le pensent pas autrement: en effet Lessius en son traité *de justitiâ*, livre 4. ch. 3. n. 59. ne decide-t'il pas que les baisers sont une preuve de commerce, & suposent necessairement un consentement du moins tacite à toutes les satisfactions de l'amour: *osculum ut est delectabile carni naturâ suâ, est signum copulæ vel instantis, vel futuræ: itaquè in eo contineri videtur tacitus quidam consensus in copulam.* Doncques les embrassemens & les baisers de ce Directeur avec sa Devote, lorsqu'ils étoient seuls au parloir ou à la grille du chœur, suffisent pour prouver leur commerce; & combien d'autres libertez criminelles a-t'il prises sur elle dans ces deux lieux, lorsqu'ils y étoient tous deux enfermez, & dont il n'y a d'autres temoins que les murs & les grilles.

Passons maintenant à une preuve qui rend toutes les autres surabondantes, & qui est tirée de ce que le Pere Girard s'est enfermé une fois au Couvent d'Ollioules dans la chambre de sa Devote, & très souvent dans sa chambre à Toulon, avant qu'elle vint à ce Monastere.

Le fait, qu'il s'étoit enfermé dans la chambre de sa devote au Couvent d'Ollioules, le 7. Juillet, jour de sa transfiguration, est prouvé par cinq temoins irreprochables, qui sont l'Abbesse, la Maîtresse des Novices, la Dame de Guerin, la Demoiselle Hermite qui étoit Pensionaire, & Mariane Materone, Tourriere. L'Abbesse dans son recolement dit, *que le premier Vendredy de Juillet jour de la transfiguration de la Cadiere, le Pere Recteur demeura tout le jour fermé avec ladite Cadiere dans sa chambre, sçavoir depuis neuf heures du matin jusqu'à midi, la porte fermée en dedans, & avec le guichet, & depuis midi jusqu'à 4. à 5. heures, la porte pouvant s'ouvrir.*

La Dame de Lescot aussi dans son recolement dit, *que le jour de la transfiguration de la Cadiere, qui fut le premier Vendredy de Juillet, le Pere Girard entra dans le*

Couvent

Couvent, & s'enferma dans la chambre de ladite Cadiere par dedans jusqu'à ce que la Superieure fût lui offrir à dîner, ce qu'il refusa, & qu'il continua de rester dans ladite chambre jusqu'à 4. heures.

La Dame de Guerin aussi dans son recolement dit, *que le jour de l'extase de la Cadiere, & que le P. R. entra, les Dames Religieuses l'ayant conduit dans la chambre de la Cadiere avec le P. Observantin leur Confesseur, elles se retirerent, & laisserent le Recteur seul avec ladite Cadiere, & qu'elle entendit que le Pere Recteur avoit mis le guichet à la porte, & qu'ils resterent fermez jusqu'environ midi depuis dix heures du matin: dit de plus, que quand le Recteur sortit du Couvent, la Cadiere qui le suivit temoigna quelque gayeté en sautant, & le Pere ayant tourné sa tête en ce tems-là, lui dit, ha petite fille.*

Marie Materone, Tourriere, dit, *que le jour de la transfiguration de la Cadiere le P. Recteur s'étoit fermé sur les dix heures de matin dans la chambre de lad. Cadiere.*

La Demoiselle Hermite cent cinquiéme témoin depose, *que le jour de la transfiguration de la Cadiere le P. R. étant arrivé à 9. heures, & l'ayant trouvée hors de son extase, il s'enferma avec elle dans sa chambre depuis 9. heures du matin jusqu'à 4. du soir.*

En second lieu il est prouvé par la procedure, & par un grand nombre de témoins, & sur tout par Pierre Meifret soixante-troisiéme témoin, Susanne Galotte centiéme témoin, Claire Sauvaire cent uniéme, & Mariane Calas cent septiéme, qu'avant que la Demoiselle Cadiere fût au Couvent d'Ollioules, & lorsqu'elle étoit encore à Toulon, le Pere Girard avoit été plus de 100. fois dans sa chambre tout seul, où il s'enfermoit ordinairement avec elle ; ces visites avoient commencé depuis la fin de Novembre, ou au commencement de Decembre 1729. qui est l'époque de l'obsession, jusqu'au mois de Juin 1730. qu'elle fut au Couvent d'Ollioules : mais mettons pour un moment la procedure à part, & ne jugeons ici l'Accusé que sur ses propres aveux.

Par le cinquante-sixiéme interrogat on lui demande, *s'il a vû la Cadiere au lit dans cet état d'obsession.*

A repondu, *qu'oüi, mais qu'elle étoit habillée dans son lit.*

57. *Interrogé, si en cet état ces mouvemens convulsifs ne lui faisoient pas commettre des immodesties.*

A repondu, *que non, qu'elle ne faisoit que roidir ses bras, & se plaindre de ce qu'elle souffroit.*

58. *Interrogé, s'il étoit seul avec elle, & ce qu'il lui faisoit.*

A repondu, *qu'il attendoit que l'accident lui eût passé, pour lui parler de Dieu.*

L'Accusé convient donc d'avoir été seul avec la Demoiselle Cadiere dans sa chambre lors de ses accidens, & il pretend qu'il attendoit que l'accident lui eût passé pour lui parler de Dieu. On lui demande quelle étoit sa fonction pendant la durée de l'accident, qu'il ne pouvoit pas lui parler de Dieu, puisqu'elle étoit hors de ses sens ; & d'où vient qu'il restoit alors tout seul avec elle, & qu'il en bannissoit toute autre personne, c'est-à-dire la mere, la servante & les freres, qui certainement auroient été plus utiles à la Cadiere que lui ? il ne faut être ni Prophete ni Sorcier pour deviner quelle étoit son occupation pendant ce tems-là.

Il dit qu'alors elle étoit habillée, quoique couchée dans son lit, & que les mouvemens convulsifs de ces accidens ne lui faisoient commettre aucune immodestie ; mais outre que souvent elle étoit deshabillée dans le lit ; d'ailleurs, qu'elle fût habillée ou deshabillée, à qui veut-il persuader que les mouvemens convulsifs que la violence de ces accidens d'obsession lui causoit, & qui lui faisoient faire de son corps tant de differentes postures, fussent si mesurez & si modestes, que les regles de la pudeur n'en fussent point offensées, & que la chasteté du Directeur ne fût exposée à aucune alarme ?

Par sa reponse au 83. interrogatoire, il convient après bien de contours qu'il s'est enfermé 8. à 9. fois à clef tout seul dans la chambre de sa devote. Voici ses termes : *Avoüe avec la même simplicité & la même pureté d'intention qu'il avoit alors, qu'il est vrai qu'il s'est trouvé fermé à clef dans la chambre de la Cadiere ; que cela n'est arrivé que 8. à 9. fois au plus après Pâques ; que c'étoit tantôt lui, tantôt la Cadiere qui fermoit la porte, que la chose étoit secrete & sans scandale.*

Aparemment que la morale de l'Accusé ne fait consister le peché que dans le scandale ; son aveu est très-infidele & pour le tems & pour le nombre des fois, puisqu'il est certain, & prouvé par la procedure qu'il s'étoit enfermé plus de cent fois dans la chambre de sa Devote, où il passoit toute l'après-dînée depuis une heure ou une heure & demi jusqu'à la nuit ; que cela avoit commencé depuis le mois de Decembre 1729. mais enfin reduisons pour un moment avec lui le nombre des fois qu'il s'est enfermé avec elle à 9. il n'en faut pas tant pour le convaincre de l'Inceste spirituel qu'on lui impute. Voici à quoi il dit d'avoir employé son tems quand il étoit enfermé seul avec elle.

M

84. Interrogé, *quelle raifon il avoit de fe fermer avec elle.*

A répondu, *que cela eft arrivé 4. à 5. fois pour fes playes.* Il ne faut pas croire pour cela que fa curiofité fe fût bornée à 4. à 5. fois. Voilà certes un bel emploi pour un Confeffeur de s'enfermer pour contempler les Stigmates de fa jeune & jolie Devote, & fur tout celui du côté, dont il fait par fa reponfe au 76. interrogatoire une defcription fi delicate & fi jufte, en difant que ce Stigmate étoit *fur les fauffes côtes à quatre doigts au-deffous du teton gauche du côté du flanc.*

Et dans fes fecondes reponfes il avoüe, à travers de beaucoup de deguifemens, d'avoir touché les côtes de fa Pénitente relevées par une furabondance de graces.

Interrogé, *s'il n'a pas vû deux côtes relevées qu'elle avoit, & l'os fternon relevé de de deux doigts par l'abondance des graces qu'elle recevoit par un excès d'amour pour J. C. à peu près comme faint Philipe de Neri.*

A répondu, *qu'il ne les a point vûës, mais qu'il les a touchées par-deffus le mouchoir qu'elle portoit au col, & qu'il lui ajoûta que lui repondant avoit ainfi le côté droit de la poitrine plus élevé.* Aparemment que c'étoit pour perfuader à fa Devote de ne pas fe faire une peine de lui montrer fes côtes par l'offre qu'il fembloit faire lui-même par-là de lui montrer les fiennes.

La précaution de ce Directeur, fi elle eft veritable, de ne toucher les côtes relevées de fa Devote que par-deffus le mouchoir du col, qui eft ordinairement de mouffeline, ou de quelqu'autre chofe fi fine, qu'elle eft imperceptible, étoit un prefervatif bien admirable contre la tentation ; mais pour promener fes mains fur les côtes de fa Pénitente, par quel endroit les paffoit-il pour éviter tout précipice ? Quelle occupation pour un Directeur de mefurer la diftance qu'il y avoit du Sigmate du côté au teton gauche de fa Devote, & l'élevation de fes côtes relevées par une furabondance de graces ; & eft-ce ainfi que ce Jefuite s'efforçoit d'imiter la pureté des Anges fi recommandée par fon Inftitut, part. 6. ch. 1. *quàm fit perfectè obfervanda caftitas, nempè enitendo evangelicam puritatem imitari ?* Eft-ce ainfi que ce Recteur rempliffoit les obligations que fon Inftitut lui impofe au ch. 1. *Regularum Rectoris,* de donner un exemple édifiant à toute fa Communauté ; *ut oratione & fanctis defideriis totum Collegium velut humeris fuis fuftineat ?*

Docteurs de l'Eglife, grands Maîtres de la morale évangelique, Directeurs timides qui croyez qu'au moindre coup d'œil, à la moindre privauté, tout eft perdu, & que la chafteté ne peut triompher que par la fuite, avoüez ici vôtre ignorance. Voici un ange de pureté qui vient nous aprendre l'art de voir à nud, & de contempler tout le corps d'une fille ou d'une femme, qu'on aime paffionnement, & même de lui donner la difcipline, fans émotion & fans peril. Quel prodige de chafteté !

Ce n'eft pas ainfi que les Canons, que les Docteurs, & même l'Inftitut des Jefuites en ont penfé, & ils ont été fi loin de croire qu'un homme qui a été enfermé plufieurs fois feul dans une chambre avec une femme, ou une fille, & qui a pris fur elle des libertez femblables à celles que l'Accufé avoüe par fes reponfes, puiffe être innocent, que pour le declarer convaincu d'un pareil crime, ils n'exigent autre chofe, fi non qu'il foit prouvé, qu'il fe foit enfermé feul avec elle dans une chambre.

C'eft la maxime atteftée generalement par tous les Docteurs, & fur tout par Barthole, fur la Loi 2. au ff. *de furtis ;* par Balde, fur la Loi *non hoc,* Cod. *unde legitimi ;* par Tiraqueau, en fon traité *de Legibus connubialibus ;* par Roland, conf. 34. liv. 2. par Menoch. liv. 5. prefompt. 41. n. 11. & generalement par tous les Canoniftes, fur le ch. *præterea de teftibus,* aux decretales. *Quarta eft conjectura & præfumptio perpetrati adulterii, quando folus cum folà, in loco fecreto & abdito inventus eft,* dit Menoch.

De-là vient que le Canon *fed fi fortè* diftinct. 81. veut qu'un Prêtre qui va vifiter une femme quoique malade, n'y puiffe pas aller tout feul, & qu'il foit obligé de fe faire accompagner de quelqu'autre perfonne : *fanè ad vifitandum mulierem infirmam nullus Clericus ingrediatur nifi cum duobus aut tribus.* De-là vient que le Pape Gregoire dans le Canon *oportet* de la même diftinction, dit que la frequentation des gens d'Eglife avec les femmes eft contraire à tous les faints Canons, *contrà fanctorum Canonum fancita :* qu'elle eft criminelle, *nefarium eft ;* que ceux qui font dans cette fituation ne peuvent ni élever au ciel des mains pures, ni offrir à Dieu un Sacrifice agréable avec un cœur foüillé : *offerentes ad Altare meum panes pollutos non eft mihi voluntas in vobis, dicit Dominus, & Sacrificium non accipiam de manibus veftris, quia polluti eftis.* De-là vient que le Canon *Clerici* tiré du Concile d'Affrique deffend aux Clercs & aux Prêtres, & même aux Evêques de faire aucune vifite à des veuves ou à des filles tous feuls & fans aucun compagnon, ni temoin : *Clerici vel continentes ad viduas vel virgines, nifi ex juffu vel permiffu Epifcoporum non accedant, & hoc non foli faciant, fed cum Conclericis, vel cum quibus Epifcopus aut Presbiter jufferit : nec ipfi Epifcopi & Presbiteri foli habeant acceffum ad hujufmodi fœminas, fed ubi aut Clerici præfentes funt, aut graves aliqui Chriftiani.* De-là vient que le Canon *in omnibus* de la

même diſtinction établit pour regle generale, que pour exclurre tout ſoupçon de crime, il faut que les gens d'Egliſe qui ont à parler à des femmes, choiſiſſent un lieu,
un tems, & des perſonnes qui excluent toute ſorte de doute : *in omnibus obſervare con-
venit ut certus quis, & certo tempore, & certo loco, & certis perſonnis, vel aparere
Clericus, vel loqui debeat mulieribus, ut excludatur omnis nefanda ſuſpicio.* Et ce Canon eſt ſi convaincu qu'un Clerc, qu'un Prêtre qui ſeroit enfermé ſeul dans une chambre avec une femme ou une fille, ſeroit par là convaincu d'avoir conſommé avec
elle le crime, qu'il ajoûte qu'il n'y a point de raiſon, point de pretexte de Religion
qui puiſſe autoriſer, ni excuſer une pareille conduite : *certè ſolum ad ſolam accedere,
nulla religionis ratio permittit.*

De là vient que ſaint Charles Borromée dans ſon inſtruction aux Confeſſeurs, ch.
2. leur deffend d'aller chez des femmes, à moins que ce ne ſoit pour les confeſſer en
cas de maladie ; & alors il leur ordonne de tenir la porte de la chambre ouverte,
enſorte que ceux qui ſont dans les chambres voiſines puiſſent les voir. De là vient
enfin que l'Inſtitut des Jeſuites, au tit. *de regulis Sacerdotum*, n. 18. veut que les Jeſuites qui ſont envoyez par les Superieurs pour confeſſer des femmes dans leurs mai-
ſons, ou pour leur faire quelqu'autre viſite, ſoient obligez de mener avec eux un
compagnon qui ſoit preſent tant qu'ils parlent avec elles, & qui voit tout ce qu'ils
font, & que ce Prêtre, ce Confeſſeur Jeſuite prenne garde de ne parler jamais à une
femme à porte fermée, ni dans un lieu obſcur, & ſans temoins : *quando quis à Supe-
riore mittitur ad confeſſiones fœminarum audiendas, vel aliâ de cauſâ, eas adierit
ſocius quem Superior ipſi deſignabit, quandiù cum fœminis Sacerdos loquetur eo in loco erit,
undè videre eos, ſed non quæ ſecreta eſſe oportet audire poſſit, quantùm loci diſpoſitio
patietur ; quod ſi non pateretur, curet omninò Sacerdos ne oſtium ſit clauſum, nec locus
obſcurus.*

L'aveu que le Pere Girard a fait de s'être enfermé à clef tout ſeul 8. à 9. fois dans
la chambre de ſa Penitente, ſuffit donc pour le convaincre d'avoir commis avec elle
un Inceſte ſpirituel, parce que c'eſt là, ſuivant les Canons & ſa propre Regle, une préſomption *Juris & de Jure*, qui n'a pas beſoin d'autre preuve, & qui rejette même
toute preuve contraire. Mais ſi cela eſt vrai en theſe generale, ſi un homme, ſi un
Prêtre eſt cenſé avoir joüi de la femme ou de la fille avec laquelle il s'eſt enfermé,
& n'avoir pas pû avoir d'autre motif en s'enfermant ſeul avec elle, que ſera-ce ici où il
s'agit d'un Jeſuite Quietiſte, qui regarde les plus grands crimes comme des actions indifferentes, & tous les plaiſirs de quelque nature qu'ils puiſſent être, comme licites ; qui enſei-
gne à ſa Penitente pour toute maxime de morale, de *s'oublier & laiſſer faire*, & de *n'é-
couter point de repugnance* ; d'un Jeſuite éperduëment amoureux de ſa Penitente, qui lui
faiſoit des viſites ſi aſſiduës tant qu'elle avoit demeuré à ſa maiſon ; qu'il alloit voir
deux ou trois fois par ſemaine quand il l'eut miſe à Ollioules ; qui lui écrivoit tous les
jours des lettres ſi tendres & ſi paſſionnées ; qui ne pouvoit *plus rien faire que pour
elle, qui la portoit par tout avec lui & à qui elle étoit toûjours preſente, quoiqu'il parlât
& agît avec d'autres perſonnes ; qui avoit une grande faim de la voir & de tout voir,
de la fatiguer, & que tout allât de moitié ;* & qui ſçavoit ſi bien intereſſer ſon cœur
par les titres les plus tendres ; qui contemploit avec tant de ſenſualité ſes Stigmates &
ſes côtes, & qui ſemblable à ces Sacrificateurs dont parle Plutarque dans la vie de
Numa Pompilius donnoit lui-même le foüet à ſa Veſtale, en penitence de ſes fautes ;
d'un Jeſuite enfin dont l'amour pour ſa Penitente étoit ſi violent, que ni la gêne de
la grille, ni les lieux les plus ſaints n'avoient pas pû l'empêcher de l'embraſſer & de
la baiſer. Si l'Egliſe & la preſence de tout ce qu'il y avoit de plus ſaint & de plus redoutable, n'avoit pas pû impoſer ſilence à ſa paſſion ni l'empêcher de cuëillir quelque fruit de l'amour, qui croira que la chambre de la Cadiere aura operé ce miracle,
& qu'il aura refuſé de joüir d'une conquête qu'il avoit tant recherchée, pour laquelle
il avoit employé tant de moyens, & que la qualité du lieu, & l'alienation des ſens de
ſa Devote, lui avoit renduë ſi facile & ſi aiſée ?

Tout cela prouve ſans doute invinciblement la verité de la plainte de la Demoiſelle
Cadiere contre lui, & de tous les excès d'impudicité qui ſont contenus dans ſon
expoſition, dont le détail fait horreur ; il eſt même prouvé que dans un tems non ſuſ-
pect, & avant ce procès, elle en avoit fait confidence, non ſeulement à pluſieurs autres penitentes du Pere Girard, & ſurtout à la Guiol, à la Laugier, à la Gravier,
à l'Allemande, à la Batarele & à la Reboul, qui lui avoient fait auſſi une confidence
reciproque des libertez criminelles qu'il prenoit avec elles ; mais encore à pluſieurs Religieuſes d'Ollioules, lors qu'elle y demeuroit, comme il eſt prouvé par pluſieurs témoins, ſurtout par la Dame de Raimbaud, Religieuſe Clairiſte, vingt-deuxiéme témoin ; par Allemande mere, trente-neuviéme ; par Madelaine Allemande fille, cent-
deuxiéme, & par la Dame Boyer Religieuſe, cent-huitiéme. Nous ne rapellons pas ici
le détail de toutes les differentes infamies que ce Directeur a commiſes ſur ſa Peni-

tente ; nous craignons de ne falir trop ce mémoire, & nous fommes perpetuellement agitez, tantôt de la crainte d'en dire trop aux dépens de la pudeur, & tantôt de celle de n'en dire pas affez aux dépens de l'innocence & de la verité, *prævaricandum mihi eft, fi pudorem habeo.* Tout ce que nous pouvons dire de bien certain, c'eft qu'il eft allé dans la pratique au-delà de toutes les théories de Sanchez.

Non feulement l'Accufé eft coupable d'incefte fpirituel avec fa penitente, & d'en avoir abufé, mais encore de lui avoir procuré un avortement, ce qui eft une nouvelle preuve bien furabondante de ce premier crime.

Lorfque le pere Girard fçut que fa penitente avoit fouffert deux fupreffions de ces marques qui excluent la groffeffe, fort allarmé, il lui perfuada qu'elle avoit le fang extrêmement échauffé, & qu'il falloit prendre pendant plufieurs jours une écuelle d'eau qu'il lui donneroit lui même, dans laquelle il mettroit un peu de poudre rafraichiffante ; elle qui n'entendoit rien à tout cela, & qui ne fçavoit pas feulement fi elle étoit enceinte, lui dit qu'elle feroit aveuglement tout ce qu'il voudroit ; & pendant huit jours, il fut lui-même lui donner une grande écuelle d'eau avec de poudre dedans qui lui donnoit une couleur rougeâtre & un goût défagréable. Au bout de huit jours elle eut une grande perte de fang, & fit une efpece de maffe, que l'Official dans les réponfes qu'il a prifes de la Cadiere, a crû être de fang, & le Lieutenant dans l'expofition, être de chair, & cette perte de fang lui dura plufieurs jours. Le jour qu'elle fit cette efpece de maffe dans un plein pot de fang, le Pere Girard qui étoit préfent dans la chambre prit ce pot, le porta deux ou trois fois vers la fenêtre, où il examina fort curieufement ce qu'il y avoit dedans, & lorfqu'elle ordonna à la fervante de l'aller jetter, & que celle-ci le portoit, il dit, *quelle imprudence*, de confier un pareil fecret à une fervante. Comme la Demoifelle Cadiere mere qui ne comprenoit rien dans l'incommodité de fa fille, vouloit apeller des medecins pour la vifiter ; il s'y opofa fortement & l'en diffuada en lui difant que les maux de fa fille étoient furnaturels & divins, & que les remedes humains n'y pouvoient rien. Lorfqu'il l'eut envoyée à Ollioules, craignant qu'elle ne fe fut pas veritablement bleffée, la premiere fois qu'il fut au Couvent, il débuta par demander à l'Abbeffe & à la Maîtreffe des Novices, fi la Demoifelle Cadiere avoit quelque perte de fang. Voici les preuves de cet avortement qui réfultent de la procedure, ou des aveus du Pere Girard.

Claire Berarde, onziéme témoin, qui eft la fervante de la Demoifelle Cadiere, témoin fi naturel & fi neceffaire de ce fait, dépofe *que depuis le Carnaval, alors dernier, jufqu'environ le 5. du mois de Juin d'après, le Pere Recteur des Jefuites alloit prefque tous les jours voir la Demoifelle Cadiere dans fa chambre, qu'il fermoit à clef, qu'il y entroit ordinairement à une heure ou deux après-midi, & n'en fortoit que fur le foir ;* elle ajoûte, *qu'il alloit prendre fouvent une écuelle d'eau fraîche qu'il montoit à ladite Cadiere, ne voulant pas que perfonne autre que lui s'en mêlât, quoique la dépofante & les parens de ladite Cadiere s'offriffent pour monter cette eau, & que deux ou trois jours après Pâques, une heure après que le Pere Girard fut entré dans la chambre de ladite Cadiere, elle ouvrit la Porte à demi, lui donna à elle dépofante un pot de chambre rempli de fang, lui ordonna de l'aller jetter, & comme elle alloit, elle entendit que le Pere Recteur dit par deux fois,* quelle imprudence, ha, quelle imprudence!

Cette dépofition renferme trois faits, qui prouvent cet avortement. Le premier, eft cette eau que le Pere Girard alloit lui même prendre à fa Devote, & qu'il ne vouloit laiffer toucher à perfonne ; car autrement fe feroit-il mêlé d'une pareille chofe : un grand Prédicateur, un fameux Directeur, fe feroit-il avili jufqu'à faire la fonction d'Infirmier auprès de fa Devote ; n'auroit-il pas laiffé ce foin à la fervante, à la mere, & aux freres qui le vouloient faire avec tant d'empreffement. Le fecond, eft cette grande perte de fang que le Pere Girard affûra à l'Abbeffe & à la Maîtreffe des Novices aller au-delà des vingt livres, comme nous le montrerons dans un moment : Et le troifiéme, eft que quand la Demoifelle Cadiere fit jetter ce pot de Sang par fa fervante, le Pere Girard dit pendant deux fois, *quelle imprudence* ! termes fi propres à prouver le miftere qu'il y avoit là, & qui ne devoit pas être, fuivant lui, confié à cette fervante. Ne doit-on pas même regarder comme une preuve non équivoque de leur commerce, que la Cadiere en prefence du Pere Girard eût donné à fa fervante un pot plein de fang, liberté qu'une femme oferoit à peine prendre en prefence de fon mari.

L'Abbeffe du Couvent d'Ollioules, dans fon recolement, dit *que la premiere fois que le Pere Girard y fut, il commença par lui demander, & à la Dame de Lefcot, Maîtreffe des Novices, qu'il n'avoit jamais vûës, fi la Demoifelle Cadiere depuis qu'elle étoit dans leur Couvent, n'avoit point eu de grande perte de fang, & ajoûta que quand elle étoit dans fa maifon, elle en avoit perdu plus de vingt livres, qu'elles furent furprifes de cette demande.*

La Dame de Lefcot dit la même chofe dans fon recolement. Le fait de cet avortement eft encore prouvé par plufieurs autres témoins, à qui la Cadiere en avoit fait confidence, dabort après & avant ce procès. Paffons maintenant aux aveus de l'Accufé, & nous y trouverons la preuve complete de ce crime.   *102.*

102. Interrogé *s'il ne lui a pas donné des Breuvages propres à lui procurer l'avortement.*
A repondu *que non.*

Sur quoi lui avons representé qu'il ne nous dit pas la verité, puisqu'il paroit par la procedure qu'il étoit attentif lui-même à lui porter des écuelles d'eau, & que ladite Cadiere se plaignoit qu'elle étoit rougeâtre, & qu'elle avoit mauvais goût.

A repondu qu'il est vrai que lad. Cadiere s'étant plainte à lui en divers tems, qu'elle étoit extrêmement alterée, à compter du commencement de son obsession, jusques au tems qu'elle fût partie pour Ollioules, le Repondant lui avoit presenté quelques fois lui-même de l'eau qu'il alloit prendre par charité. Il n'a pas voulu avoüer cela à titre de Breuvage; il a même affecté de derranger les tems, mais il avoüe au moins ce fait essentiel, qu'il avoit été plusieurs fois lui prendre de l'eau. Dès que le fait est avoüé, il n'est plus maître du motif, & son aveu qui est ici surabondant & divisible, en matiere criminelle, ne laisse plus là dessus aucun doute.

107. Interrogé *si lad. Cadiere ne lui a pas montré un pot de chambre plein de sang, & s'il ne l'a pas consideré avec attention.*

A repondu qu'un soir étant chez elle à la fin d'Avril, elle prit un pot de chambre, dans lequel il y avoit une liqueur noirâtre, qu'elle emporta sur le champ, & mit dehors sa chambre. Voilà l'aveu d'avoir vû le pot de sang; cette curiosité de sa part, & la liberté de la fille, de l'avoir montré en sa presence, font assez voir que c'étoit là l'effet d'une familiarité maritale.

Et dans sa confrontation avec l'Abbé Cadiere, l'Accusé sur les interpellations de celui-ci, n'a-t'il pas avoüé qu'il avoit dissuadé la Demoiselle Cadiere mere, d'appeller un Medecin pour sa fille. Quel autre motif pouvoit avoir porté le Pere Girard à s'opposer que la Demoiselle Cadiere fût visitée par un Medecin, sinon la crainte qu'il avoit que ce Medecin ne decouvrît la qualité de l'indisposition, & que c'étoit une blessure.

Enfin la lettre du Pere Girard du 30. Juillet, où il dit à sa Devote, *marquez moi quand & comment les biens sont revenus; je suplie celui qui en est l'unique source, de les repandre sur vous avec plus d'abondance, & que cette suspension qui y a été mise par vos fautes, soit comme une digue enfin rompuë, après quoi les eaux innondent & entraînent tout,* n'en renferme-t'elle pas une derniere preuve?

Car ces termes, quoi qu'envelopez par affectation, ne peuvent pas s'appliquer aux Stigmates, comme veut faire l'Accusé par ses nottes manuscrites, où il y a si peu de justesse, & de solidité, puis qu'on ne peut pas dire des Stigmates qu'ils *se repandent avec abondance, & que comme une digue enfin rompuë, ils innondent & entrainent tout;* & que cela ne peut s'apliquer qu'aux marques exclusives de grossesse, dont le retour faisoit tant de joye à l'Accusé, parce que c'étoit là un garant assuré qu'elle n'étoit plus enceinte, & faisoit cesser là dessus toutes ses alarmes; aussi sa joye & son enjoüement éclatent dans toute cette lettre, qu'il finit par les termes que nous avons deja raportez, *je suis en lui tout ce que vous m'avez crû dans les jours les plus sereins & les plus doux:* le voilà donc convaincu de cet avortement, même par ses propres aveus.

Il ne faut pas croire qu'il bornât absolument ses conquêtes à la Cadiere, quoi qu'elle fût sa principale favorite; son cœur trop vaste repandoit encore quelques influences sur plusieurs autres de ses penitentes, avec lesquelles il prenoit les mêmes libertez; nous allons en raporter ici quelques traits qui resultent de la procedure.

Claire Berarde, onziéme temoin, depose que la Demoiselle Cadiere, mere, l'ayant envoyée aux Jesuites, pour prendre sa fille, à mesure qu'elle entra par la grande porte de leur maison, elle vit à main droite le Pere Recteur qui baisoit la Guyol au visage.

La Batarele, dans sa confrontation avec le Pere Carme, & sur l'interpellation de celui-ci, a avoüé *qu'un jour qu'elle étoit chez la Guyol, elle lui dit: mon mari est à Beaucaire, & le Pere Recteur me doit venir voir; demeurez ici, & nous le mesurerons.* Cela prouve bien que la Guyol avoit auprès de lui deux differentes fonctions.

Le Pere Girard, par sa reponse au cent quarante-uniéme interrogatoire dit, *qu'un jour la Batarele l'embrassa & le baisa, dans la maison de la Cadiere;* mais ce n'est pas là le seul baiser qu'il a reçu de la Batarele; car non seulement la Dame Boyer, cent huitiéme témoin, dit *que la Batarele lui avoit avoüé qu'elle avoit embrassé au confessional le Pere Girard,* mais encore la Batarele elle-même, trente-huitiéme témoin, ajoûte *qu'un jour qu'elle étoit au confessional, pressée par son cœur de s'unir avec le Pere Recteur, elle le lui declara, & que celui-ci y consentit par des paroles, dont elle n'est pas memorative. Elle dit qu'un autre jour étant aussi au confessional, elle se sentoit portée à l'embrasser, par un sentiment d'amour: il lui dit de sortir du confessional, & le Pere Recteur lui ayant dit, vous m'avez trop aimé aujourd'hui, & lui ayant porté ses mains sur chacune de ses épaules, & presenté le visage, la Déposante le baisa, & après quelques mots qu'il lui dit, & qu'elle ne comprit pas, elle se retira fort contente.* En voilà assez pour la Batarele: en voici pour la Laugiere.

La Demoiselle Julien, douziéme témoin, depose, *qu'un jour qu'elle étoit dans la cham-*

bre de la Laugier, *le Pere Girard y vint, qu'alors elle en sortit, & il s'enferma à clef dans la chambre de ladite Laugier* : elle ajoûte, *qu'un jour un nombre de ses Dévotes y dansoient, chantoient & sautoient, mangeoient & bûvoient à la santé des Jesuitons.*

Anne Bellone, quarante-sixiéme témoin, depose *qu'elle a vû quelques fois le Pere Recteur s'enfermer dans la chambre de la Laugiere.*

Catherine Laugier, cinquante-troisiéme témoin, dit *que quand Mariane Laugier avoit des accidens d'obsession, le Pere Recteur y venoit, & que quand il étoit seul avec elle dans sa chambre, il poussoit la porte, ne sçachant point la Deposante ce qu'ils faisoient dedans.*

Magdelaine Allemand, cent troisiéme témoin, dans son recolement dit *que la Laugiere lui avoit avoüé que le Pere Girard avoit abusé d'elle, à l'occasion de son obsession, & qu'elle étoit grosse de lui.* Ce n'est pas encore tout là, car il est de notorieté à Toulon que ce chaste Directeur s'étoit fait un petit serrail de sept à huit Devotes stigmatisées. Quel scandale !

Le Pere Girard n'est pas le premier Jesuite qui ait seduit sa Penitente ; l'exemple du Pere Mena est trop aprochant de cette cause pour ne pas trouver ici sa place. C'étoit un Jesuite qui paroissoit avoir des grands talens exterieurs, il faisoit des belles exhortations, parloit toûjours de Dieu & de l'Eternité ; il étoit maigre, pâle, les yeux enfoncez, son habit étoit d'un drap fort usé, & il portoit un grand chapelet. Ce Jesuite étant devenu amoureux d'une de ses Penitentes de Salamanque, qui étoit assez simple, il lui dit que Dieu lui avoit revelé que sa volonté étoit qu'il vecût avec elle dans l'union conjugale ; mais qu'il falloit que cela fût fort secret, & que personne ne le sçût. Elle ne donna pas dabord dans le paneau ; & comme il crut qu'elle ne manqueroit pas de consulter des Docteurs de l'Université, il prit la precaution de les prevenir ; il leur dit qu'il avoit une Devote fort scrupuleuse qui vouloit les consulter, mais que sans l'entendre, ils lui dissent qu'elle n'avoit qu'à suivre aveuglement ses conseils. Comme il joüissoit de la reputation d'un homme de merite & de vertu, ils n'eurent garde de le soupçonner de rien de mauvais ; & cette Devote s'étant addressée à eux, ils lui dirent, sans l'écoûter qu'elle n'avoit qu'à faire tout ce que le Pere Mena lui conseilleroit. La bonne Devote crut que c'étoit là la volonté de Dieu, & consentit à se marier avec son Confesseur. Il eut d'elle plusieurs enfans, & il ne cessa pourtant pas ni de dire la Messe, ni de continuer ses exercices de picté, ses exhortations au College des Jesuites, & il tenoit sa devote dans un Hermitage à portée.

L'Inquisition ayant été avertie de ce qui se passoit, elle fit arrêter le Pere Mena, & le fit mettre dans les prisons de Valladolid. Sa prise fit autant de bruit, que sa fausse vertu lui avoit donné de reputation. Toute la Societé entreprit sa deffense, & à la faveur des certificats, que le Pere Mena étoit malade, elle obtint permission de l'amener à leur College pour le traiter, où il pourroit encore être gardé par les Officiers de l'Inquisition. Comme il n'y avoit point de moyen de sauver une affaire si criante, voici la ruse qu'on mit en œuvre. On suposa que le Pere Mena étoit mort, on fit sonner les cloches, & avec un visage & des mains de carton, ayant fait une espece de corps de bâtons, revêtu d'un habit de Jesuite ; on mit ce feint Mena dans la Bierre, pendant qu'on fit monter le vrai Mena sur une mule, qui ne s'arrêta point jusqu'à Genes, où il enseigna publiquement la Loi de Moïse aux Juifs. Voilà comment les poursuites de l'Inquisition furent éludées, & les crimes du Pere Mena resterent impunis.

Il y a chez les Jesuites des gens qui sçavent abuser non seulement des veritables obsedées, comme a fait le Pere Girard à l'égard de plusieurs de ses Penitentes qu'il avoit mises dans cet état, mais encore des fausses possedées. L'avanture du Pere Dubois de Nevers est assez recente, & assez connuë ; chacun sçait que tout le fruit de sa charité auprès de sa fausse possedée, où il fut surpris bien avant dans la nuit avec son compagnon, & de ses exorcismes s'est reduit à une grossesse. Ces exemples sont d'une trop funeste consequence ; & si ces premiers coupables avoient subi les châtimens qu'ils meritoient, peut-être que le Pere Girard n'auroit pas imité leur conduite : quoiqu'il en soit ce dernier est pleinement convaincu du crime d'Inceste spirituel avec ses Penitentes, & sur tout avec la Demoiselle Cadiere, & encore de celui d'avortement ; il ne nous reste plus qu'à faire voir qu'il est encore coupable de subornation de témoins.

Que le Pere Girard est convaincu de Subornation de Temoins.

Les moyens que l'Accusé & ses Confreres ont employé pour tâcher d'éluder la juste plainte de la Querellante, ne sont pas moins odieux, ni moins crians que les crimes qui font le fonds de l'accusation.

Au moment que la Demoiselle Cadiere a porté contre lui sa plainte au Lieutenant Criminel en Enchantement, Rapt, Inceste spirituel & Avortement, on la fait enfermer dans le Couvent des Ursulines de Toulon, que nous avons prouvé être si devoüé aux Jesuites : là on la violente pour l'obliger à faire un département de sa plainte ; on lui refuse les Confesseurs qu'elle demande, on la reduit à Messire Berges, qui livré aux Jesuites, ne va joüer chez les Ursulines le rôle de Confesseur, escorté du Pere de Sabatier & de deux temoins, que pour la forcer à se departir de sa plainte ; & lui dit que si elle ne commence pas par en faire un département, il n'y a ni Confession, ni absolution pour elle : quelle vexation ! quelle violence !

Cette porte est fermée, le Promoteur Chevalier de Latran se livre absolument aux Jesuites, & par une prévarication digne de toute la severité des Loix & de la justice, il ne produit des témoins que pour procurer à l'Accusé l'impunité de tous les crimes dont il auroit dû poursuivre la vengeance. Le Greffier & l'Official portent tous les soirs la procedure aux Jesuites pour la montrer à l'Accusé & au Pere de Sabatier : ils voyent ce qu'ont dit les témoins de la Cadiere, & le lendemain ils en produisent d'autres par le canal du Promoteur pour leur faire dire tout le contraire de ce que les témoins de la Querellante, qui avoient été oüis, avoient deposé ; & cela est continué pendant tout le cours de la procedure ; il suffit de la lire pour être convaincu de la verité de ce fait. Eh ! quels témoins font entendre les Jesuites par le Ministere de ce Chevalier de Latran ? les propres Penitentes du Pere Girard, dont la plus part sont de ces Dévotes stigmatisées, avec lesquelles il a pris les mêmes libertez criminelles, qui sont les complices de ses desordres, & qu'il a toûjours continué de confesser, & confesse encore, & à la tête desquelles est la fameuse Guyol sa confidente, & qui fut le premier témoin produit par le Promoteur, suivie de la Laugier, de la Reboul, de la Gravier, de la Berlue ; & les autres témoins sont des Pénitens ou des Pénitentes du Pere de Sabatier, intime ami du Pere Girard, qui est l'auteur de cet éclat, & qui sollicite ici pour lui, quoique tant de raisons si connuës au public dûssent l'en empêcher.

C'est ainsi que cet Accusé, non content d'avoir abusé des Sacremens pour seduire ses Devotes, & pour commettre tous ces crimes infames, il en abuse encore pour suborner des témoins, & pour se procurer l'impunité.

La Cadiere assigne des témoins ; lorsqu'ils se presentent à l'Officialité pour deposer, des Jesuites & autres gens sont là pour les suborner, & quand on ne peut pas en venir à bout, on leur prend leur copie, & on les renvoye sans les laisser deposer ; ce qui obligea la Querellante de donner une Requête en subornation de témoins. Quand les témoins de la Cadiere avoient assez d'honneur & de fermeté pour resister à toutes les impressions qu'on avoit voulu leur donner, & pour vouloir dire la verité, l'Official retranchoit de leurs depositions une partie des faits les plus graves. Ce fait si relevant est prouvé par le recolement des Religieuses sainte Claire d'Ollioules, où elles ajoûterent tout ce que l'Official avoit refusé de faire écrire lors de leurs dépositions, & dont le recolement contient des charges encore plus fortes que celles contenuës dans leurs depositions.

Le Pere Girard non content d'avoir fait deposer pour lui à la Requête du Promoteur, la Dame de Gerin Superieure des Ursulines, & la Dame de Cogolin ses deux Penitentes actuelles, & dont la premiere a même un frere Jesuite fort accredité dans cet Ordre ; il fit encore écrire une lettre par la Dame de Cogolin à la Dame de Beaussier la cadete Religieuse Clairiste, le 28. Janvier dernier, par laquelle il la suborne, & la charge encore de suborner la Dame de Camelin la cadete, Messire Portalis, la Demoiselle Vialis, & d'autres Religieuses du même Couvent, & de les faire assigner sous le nom du Promoteur ; elle lui marque que pour faire tomber la deposition de Mariane Materone Tourriere, qui avoit dit d'avoir vû baiser la Cadiere par le Pere Girard au parloir, à la grille du Chœur, & dans son lit, il falloit s'attacher à dire, & à faire dire que les parens de la Cadiere avoient offert une pension à cette Tourriere. Voici les termes de cette lettre que le Ciel pour son interêt a enfin fait tomber entre nos mains, & qui a été averée le 11. Mai 1731.

M*a chere dame*,

J'ai reçû vos trois lettres dans un même paquet, par un Pere Observantin, dont j'ai été très satisfaite. Pour ce qui regarde les mauvaises mœurs de la Tourriere, l'on n'entreprendra point de prouver en quoi ; ce seroit entreprendre un nouveau procès : on se contentera de donner copie à Madame Camelin la cadette, à Mr Portalis & à Mademoiselle Vialis, & quelques autres de vôtre maison, qui n'ayent point encore deposé ; car pour celles qui l'ont déja fait, on ne peut pas leur donner copie pour une seconde fois ; ainsi ne craignez rien pour vous, on ne vous commettra en rien, ni pour rien qui pût vous faire ou procurer la moindre peine. Le procès va le mieux du monde pour le Pere Recteur : on a fini d'entendre les temoins de la Cadiere, mais l'Officialité n'a pas fini de faire oüir les siens ; la deposition qu'a fait vôtre Tourriere est la même que celle dont elle s'est vantée ; tout a consisté à dire que le Recteur avoit baisé la Cadiere, de la fenêtre de vôtre grille du Chœur, & une autre fois dans son lit,

& autres chofes de cette nature ; il fuffit que les perfonnes qui depoferont, affûrent avoir oüi dire à la Tourriere, comme Cadiere étoit une Sainte, qu'elle faifoit même des miracles; de fes liaifons avec la famille de Cadiere, la penfion que fes gens lui avoient promis pour fon entretien; c'eft là le principal. Je vous envoyerai, dans peu, deux paires de mitaines, pour payement des trente fols des Agnus que j'ai encore à vous, mais pour troquer avec d'autres ouvrages avec vous ou avec vos Dames, j'en ai parlé à nos Sœurs, elles ne m'ont pas paru s'en foucier; ainfi attendez, pour m'envoyer quelque chofe, qu'on le fouhaite, alors je vous en informerai. Le Pere Recteur vous offre fes refpects. Je fuis de tout mon cœur, Madame, vôtre très-humble fervante, Sœur de Cogolin.

On ne peut pas douter que l'Accufé n'ait fait écrire cette lettre, foit parce que n'ayant pour objet que de lui procurer, par des faux temoins, l'impunité de fes crimes, on ne fçauroit l'attribuer qu'à lui; foit parce que ces mots, *le Pere Recteur vous offre fes refpects*, prouvent qu'il étoit prefent lorfque la Dame de Cogolin a écrit cette lettre, & qu'il la lui a dictée; foit enfin parce que lors de l'averation, elle dit que c'étoit le Pere Girard & la Dame de Gerin, Superieure, qui lui avoient fait écrire cette lettre; ce qui a donné lieu à des fcenes qui ont affez fait du bruit à Toulon, pour n'être ignorées de perfonne, & où il y a eu plus que de guimpes dechirées. Voilà donc le Pere Girard convaincu d'avoir fait écrire cette lettre pour fuborner des temoins, & voici l'execution qui s'en eft enfuivie.

La Dame de Beauffier cadette, a fait affigner au nom du Promoteur Meffire Portalis Prêtre, & les autres Religieufes marquées dans cette Lettre. Comme lorfqu'elle la reçût elle avoit déja dépofé, elle n'avoit point parlé de cette penfion, mais elle l'ajoûta au recollement fait poftericurement à cette lettre, & fuborna fa fœur l'aînée, auffi-bien que la Dame de Camelin cadette, qui avoient déja dépofé, & qui n'en avoient point parlé non plus, & leur fit ajoûter à toutes les deux dans le récollement, que Marianne Materone avoit dit qu'elle étoit fâchée d'avoir refufé la penfion qui lui avoit été offerte; voilà la preuve de la confommation de cette fubornation faite en execution de cette lettre.

On n'en demeura pas là, & voici l'aide de fubornation qu'on donna à la Dame de Beauffier la cadette. Le Pere Aubany Obfervantin, chargé de plufieurs crimes capitaux, & entr'autres d'avoir violé une fille de treize ans, (nous en avons raporté la preuve au procès,) avoit été obligé de quitter le païs, & d'aller chercher fon falut dans la fuite. Comme on lui fçavoit une fœur dans le Couvent Sainte Claire d'Ollioules, & des liaifons intimes avec quatre ou cinq autres Religieufes, & qu'il étoit très propre à leur faire dire tout ce qu'il voudroit à la décharge du Pere Girard, on le rapella; il lui fut accordé une amniftie generale, à condition qu'il n'oublieroit rien pour procurer à l'accufé l'impunité de fes crimes; il eft d'ailleurs fi naturel d'être porté à faire plaifir à fes femblables. Il a parfaitement executé les conditions de fon amniftie. Voici l'execution de ce complot, dont lui & la Dame de Beauffier cadette ont été les chefs.

On crût que ce feroit donner atteinte à la dépofition de Marianne Materone Tourriere, fi des témoins difoient qu'elle leur avoit dit que quand elle furprit le Pere Girard baifant la Cadiere au Parloir, elle l'avoit vû par un trou qu'il y avoit au loquet de la porte par où paffoit un cordon qu'elle avoit coupé; & fi l'on faifoit ajoûter à des témoins que ce fait étoit faux, qu'alors il n'y avoit point de trou à la porte pour y paffer un cordon, & que ce n'avoit été que quelques jours après qu'on avoit trouvé un trou nouvellement fait, & la moitié d'un autre. Ce complot ainfi concerté, eft executé par la Dame de Beauffier cadete, par Meffire Portalis, par la Dame de Camelin cadette, témoins fubornez mentionez dans la lettre de la Dame de Gogolin, & par le Pere Aubany, qui fit entrer dans ce complot la Dame de Beauffier l'aînée, qui eft fort fon amie, & qui d'ailleurs étoit follicitée par fa fœur mandataire de cette fubornation. La Dame de Beauffier l'aînée, & la Dame de Camelin cadette, dans leurs dépofitions, & la Dame de Beauffier la cadette dans fon recollement, ne manquerent pas de dire que la Tourriere leur avoit dit que c'étoit du trou du loquet de la porte du Parloir, où il y avoit un cordon qu'elle coupa, qu'elle avoit vû le Pere Girard baifant la Cadiere; & qu'ayant voulu examiner fi cela étoit vrai, elles avoient vû & fait examiner cette porte par Meffire Portalis, & par un Frere Obfervantin, & qu'ils leur avoient dit qu'il n'y avoit point de trou; que deux ou trois jours après ayant voulu encore faire verifier par les mêmes perfonnes, s'il y avoit quelque trou à cette porte, on y en avoit trouvé un nouvellement fait, & l'autre commencé. Meffire Portalis ne manque pas de dire qu'il eft vrai qu'il a fait deux fois la verification de cette porte, à la requifition des Dames de Beauffier & de Camelin, cadettes, & que la premiere fois il n'y a point trouvé de trou & la feconde il y en a trouvé un & la moitié d'un autre. Ce qu'il y a de plus fingulier encore, c'eft que le Pere Aubani, dont ces Religieufes n'avoient pas parlé, mais feulement d'un Frere Obfervantin, vient par fa depofition fe fubroger à la place de ce Frere, pour faire fonction d'expert, conjoinctement avec Meffire Portalis, & dit

d'avoir

d'avoir fait pendant deux fois cette verification. A-t'on jamais trouvé rien de plus pitoyable qu'une pareille manœuvre? Le complot & la subornation ne sautent-ils pas bien aux yeux?

1°. Tous ces faits ne sont imaginez qu'après la lettre écrite par la Dame de Cogolin, qui contenoit l'ordre & le mandat de la subornation, puisqu'on ne trouve aucun de ces deux faits dans les dépositions anterieures à cette lettre, & que les Religieuses qui avoient déja déposé auparavant, ne les ont ajoûtez qu'au récollement.

2°. Quelle affectation de la part de la Dame de Beaussier & de Camelin cadettes, de prétendre d'avoir fait faire une verification de cette porte, pour tâcher de donner quelqu'atteinte à la déposition de la Tourriere.

3°. Le Pere Aubany, qui avoit été Gardien de son Couvent, vient se métamorphoser en Frere de l'Ordre, pour se subroger à sa place, & faire fonction d'Expert avec Messire Portalis, tandis que les Religieuses qui avoient nommé ces Experts ne l'avoient pas nommé lui, mais bien un Frere, qu'elles disent avoir de *bons yeux*.

4°. Ce qui rend tout ce complot, au sujet de ce trou de la porte, inutile; c'est que la Tourriere n'a jamais dit que, lorsqu'elle surprit le Pere Girard & la Cadiere se baisant au parloir, elle les eût vûs par le trou du loquet de la porte; & qu'elle dit au contraire que ce fut en l'ouvrant doucement, & qu'elle les avoit vû dans la même situation à la Grille du Chœur. C'est donc là une fable, ou pour mieux dire, une imposture imaginée inutilement après coup.

Enfin le témoignage de cette Tourriere est confirmé par trois autres témoins irréprochables, comme nous l'avons prouvé. Tout cela fait voir que ce Promoteur, Chevalier de Latran, est ici le principal instrument de cette subornation, puisqu'il n'a fait entendre plusieurs de ces témoins, que pour les faire déposer sur le fait du trou de la porte, & de la prétenduë pension promise à la Tourriere, pour procurer au Pere Girard des objets ou des faits justificatifs. Quelle indignité! Quelle prostitution du ministere public!

Voici une autre preuve bien marquée de la subornation des Jesuites. Ils ont fait dire à la Sœur Gaudin, à la Sœur Portalis & à la Dame de Cogolin, (qui par sa lettre marque tant d'attachement pour le Pere Girard son Directeur, & pour le succès de son affaire,) qu'elles avoient oüi dire à Madelaine Pauque, que la Demoiselle Cadiere, lorsqu'elle étoit à la Bastide du sieur Pauque s'enfermoit avec le Prieur des Carmes. Cependant cette Madelaine Pauque qui a déposé, leur a donné un démenti là-dessus, puisque non seulement dans sa déposition, qui est la soixante-seiziéme, ni dans son récollement, ne dit rien de semblable, ce qui suffiroit pour détruire les dépositions de ces trois Religieuses subornées; (car c'est une maxime au Palais que les témoins qui déposent d'avoir oüi dire telle chose à une telle personne, ne font foy qu'autant que cette personne confirme leur déposition par la sienne) mais encore Madelaine Pauque dans sa confrontation avec la Demoiselle Cadiere, ajoûte *qu'elle n'a jamais rien dit de pareil à ces Religieuses, & que c'est-là une fausseté*.

Enfin il est prouvé par la procedure, & sur tout par la déposition de Marguerite Ainaud, femme de Joseph Daumas cent-vingtiéme témoin, que le Pere Aubany, & le Pere Boutier Observantins, deux des émissaires des Jesuites, abusant du nom de Monsieur l'Evêque de Toulon, disoient à l'Abbesse & à plusieurs Religieuses, que Monsieur l'Evêque étoit fort en colere contr'elles d'avoir laissé déposer leur Tourriere contre le Pere Girard, & que ce Prelat avoit ajoûté, que si quelqu'unes d'elles déposoient contre ce Jesuite, il les feroit sortir du Couvent dans vingt-quatre heures; ce qui donna lieu à l'Abbesse de répondre que son Monastere, qui est Royal, ne dépendoit pas de Monsieur l'Evêque, & qu'on ne pouvoit pas refuser la verité à la Justice.

Voilà des traits de subornation bien marquez, sans parler des autres, qui ne sont pas venus à nôtre connoissance. Il n'en faut pourtant pas être surpris, c'est-là la défense ordinaire des Jesuites dans les procès criminels, & sur tout dans ceux de cette espece; & en cela ils ne font que suivre leurs maximes. La longueur de ce Factum ne nous permet pas de le grossir par plusieurs exemples, mais il est juste au moins d'en citer un qui ne paroîtra pas certainement étranger au procès.

Le College des Jesuites de Grenade a du bien en un lieu nommé Caparacena, distant de deux licuës de Grenade, dont ils donnerent l'Administration au Frere Baltazar des Rois. Ce Frere étant devenu amoureux d'une femme de ce lieu, prit la précaution de charger son mari du Labour des terres, & lui doubla même ses gages, afin de l'occuper à la campagne, & d'avoir le champ libre auprès de sa femme; & il y fit de si grands progrès, qu'il s'en rendit bien-tôt le possesseur. Le mari, qui malgré le doublement de ses gages, se sentoit agité par quelque mouvement de jalousie, résolut de rompre cette intrigue; mais la chose paroissoit difficile, sa femme étoit contente du Frere, & celui-ci étoit amoureux d'elle. Un jour ce Frere étant venu de Grerade pour voir fa Maîtreſſe , & croyant ſon mari occupé à la campagne , fut d'abord defcendre chez elle , & dans le tems qu'il s'étoit livré à tous les atraits de la volupté , le mari qui aparemment avoit eu vent du voyage du Frere , & qui s'étoit caché dans la maiſon , monta dans la chambre de ſa femme , & l'ayant trouvé en flagrant - delit , le poignarda , & jettant ſon bonet, dit *hors les Cornes.* Comme cette action de la part du mari n'avoit rien que de juſte , & qui ne fût autoriſé par la Loi , & que le ſeul coupable étoit ce Frere Jeſuite; il fit d'abord faire une procedure qui renfermoit la preuve du commerce de ce Frere avec ſa femme , & que lorſqu'il l'avoit tué , il étoit actuellement couché avec elle. D'abord que le Recteur du College de Grenade en eut connoiſſance , il préſenta une Requête pour faire informer ſur le meurtre de ce Frere , & à force de promeſſes & de préſens , on fit rétracter preſque tous les témoins , qui avoient été oüis à la requête du mari , & par les nouveaux qu'on fit oüir , on fit dire d'une part que cette femme étoit déja âgée , pour faire entendre qu'elle étoit vieille , & pour effacer le ſoupçon d'amourette , tandis qu'elle n'avoit que vingt-huit ans ; & de l'autre que ce Frere étoit un Saint , & qu'il avoit toûjours le Chapelet à la main pour prier Dieu. Les témoins qui le chargeoient encore furent rejettez ſans object , & cette procedure fut menée de ſi bonne main , que le pauvre mari eut encore tout le tort , & fut condamné à être pendu par une Sentence de contumace. Après ce Juge-ment , les Jeſuites firent imprimer l'information ainſi purgée , & la Sentence définitive , pour l'honneur de la mémoire du chaſte & Saint Frere , & pour celui de la Societé.

Que des traits de reſſemblance ne trouve-t-on pas ici ? mêmes moyens employez , même langage dans les témoins ſubornez & oüis à la Requête du Promoteur , & ſur tout des éloges de ſageſſe , de prudence , de vertu & de ſainteté , en faveur du Pere Gi-rard , ſi démentis par plus de ſoixante témoins irreprochables , par ſes propres aveus , & ſes propres lettres : mêmes vüës , & la ſeule difference qu'on y trouve , c'eſt qu'ici on n'eſt pas encore parvenu à étouffer la verité , ni les preuves éclatantes de la procedure , de ſes let-tres , & de ſes aveus , malgré tous les moyens iniques qui ont été employez juſques aujourd'hui , ſoit par la ſubornation des témoins , ſoit par les mauvais traitemens , les violences & les menaces qui ont été faites à cette pauvre fille , par leſquelles on l'avoit forcée à varier & à trahir la verité , & tous ces autres traits de vexation , qui ont ſi fort indigné le public , & qui lui ont fait dire ſi ſouvent que l'innocence étoit viſiblement op-primée de toutes les manieres , & que le crime joüiſſoit ici des avantages de la vertu. En effet qui a pû voir ſans indignation , cet Accuſé convaincu de cinq ou ſix crimes capitaux , dont le moindre merite le dernier ſuplice , n'être decreté que d'un ſimple aſſigné , joüir de toute ſa liberté , dire la Meſſe , precher & confeſſer publiquement à Toulon , (qui étoit le theatre de ſes deſordres) au grand ſcandale de tout le public, tandis que la Demoiſelle Cadiere , dont tout le crime conſiſte à avoir été forcée d'ac-cuſer un criminel trop protegé , a été decretée d'ajournement perſonnel , a été , & eſt encore reſſerrée dans un Couvent , a été traduite ignominieuſement par la Maréchauſ-ſée , & a été livrée à la honte & aux inquietudes qui devoient être reſervées au coupa-ble. Les Jeſuites ſeront-ils donc les ſeuls Sujets du Roi, dont la Juſtice n'oſera punir les crimes ? & faut-il que la peine en retombe ſur leurs accuſateurs ?

Bien davantage ; n'eſt-il pas ſurprenant que la Societé qui auroit dû dabord deſa-voüer ce membre , & ſes forfaits, employe tout ce que la ſollicitation a de plus violent, & les voyes les plus injuſtes, pour lui en procurer l'impunité , & pour oprimer l'inno-cence ? à la bonne heure qu'avant qu'il en fût convaincu par la procedure , elle l'eût ſoutenu comme accuſé , & que les reſtes d'une reputation mourante lui euſſent perſua-dé qu'il n'étoit pas coupable de tous ces crimes; mais quand la conviction en a été en-tiere par la procedure , dont ils ont une copie qu'on a vû courir dans les mains de leurs amis, & par les lettres & les aveus de l'Accuſé ; n'étoit-il pas de l'interêt & de l'hon-neur de la Societé , de deſavoüer un membre qui la deshonore tant , & par là ce Corps, d'ailleurs ſi reſpectable , ne perdoit rien de ſon éclat; mais aujourd'hui ne le ſoutient, ne le protege-t'elle pas à titre de coupable ? & ne diroit-on pas , à voir les mouvemens qu'elle ſe donne pour lui procurer ſon impunité , qu'il n'a delinqué que comme Jeſuite, & qu'elle lui doit garantie ?

Après cela, l'Accuſé dira-t'il que ce n'eſt ici qu'un complot contre lui concerté par la Demoiſelle Cadiere , ſes freres & le Pere Prieur des Carmes , & que tout ceci n'a eu pour objet que de donner atteinte à ſa reputation ? mais n'eſt-ce pas la de ſa part une reſſource abſolument ridicule ?

Car 1º. à qui pourra-t'il perſuader qu'une fille irreprochable dans ſa conduite , puiſ-que la calomnie de l'Accuſé & de ſes émiſſaires, n'a rien trouvé à mordre en elle ; une fille d'une honnête famille , avec une dot aſſez conſiderable , & qui par vertu avoit refuſé des partis fort honorables , ait formé contre lui le ridicule projet de l'accuſer par malice , ou par affectation , ſans eſpoir d'autre profit , que de ſe deshonorer elle-même? que deux freres , Prêtres, dont la conduite a toûjours été très reguliere , ayent voulu deshonorer leur Sœur, se deshonorer eux-mêmes & toute leur famille ; que le Prieur des Carmes, seulement arrivé à Toulon, & qui n'a pris d'autre part à tout ceci, que celle que M. l'Evêque lui a fait prendre, en le chargeant de la direction de cette Fille, ait été capable de comploter avec eux, une accusation contre un Jesuite, dont on sçait que les crimes sont toûjours si difficiles à faire punir, & qu'ils ayent voulu s'exposer de gayeté de cœur, a toutes les suites d'une pareille accusation, & à toutes les vexations qu'ils ont déja essuyées ? il faut avoir l'imagination d'un Jesuite coupable, pour enfanter des idées aussi monstrueuses, & qui choquent les lumieres de la raison & du sens commun.

2°. Pour pouvoir imaginer ici un complot, il faudroit que le Pere Girard fût innocent, & que ce fût une calomnie qui lui eût été ourdie : cependant il est convaincu de tous les crimes dont il est accusé, non seulement par plus de soixante témoins, mais par ses propres lettres, & par ses propres aveux. Comment allier l'idée d'un complot avec la conviction de tous ces crimes ?

Enfin si la Demoiselle Cadiere avoit porté de gayeté de cœur sa plainte à la Justice, tandis qu'elle auroit pû ensevelir dans les tenebres d'un oubli éternel, la honte & les infamies de son Directeur ; à la bonne heure, de soupçonner sa demarche, non pas de complot, mais d'extravagance : mais ce n'est pas elle qui a devoilé ce mistere d'iniquité, c'est l'Official lui-même, qui par un violement de toutes les regles, & par un abus punissable de son ministere, l'a forcée par la religion du serment, à le manifester. En effet elle & son frere ne s'étoient-ils par jetté aux pieds de M. l'Evêque, pour lui demander instamment de ne point faire éclater une affaire si deshonorante ? n'avoient-ils pas fait agir auprès de lui, tout ce qu'il y avoit de plus qualifié dans Toulon ? & n'en avoit-il pas donné sa parole, au mépris de laquelle les Jesuites eux-mêmes, par un effet de cet esprit de vertige, qui est inseparable des grands crimes, lui ont fait faire cet éclat qu'ils avoient tant d'interet d'éviter ? S'il étoit possible d'imaginer dans cette cause quelque complot, pourroit-on s'empêcher de dire qu'il a été formé contre cette infortunée Penitente, pour lui ravir encore son repos & son bien, après lui avoir ravi son honneur.

La fin de non-recevoir que le Pere Girard oppose à la Demoiselle Cadiere en lui disant qu'elle est non-recevable à apeller *à minima* de son Decret d'Assigné, & qu'il n'a pour partie que Mr le P. G. du Roi, est la ressource d'un coupable, qui dans la conviction de ses crimes ne voudroit avoir aucune partie pour en poursuivre la vengeance. Par quel renversement de Regles l'action en Rapt donnée par la Loi unique au Code *de Raptu Virginum*, & par les Ordonnances à toutes les femmes & les filles qui ont été deshonnorées, sera-t-elle refusée à une Penitente contre son Confesseur, qui abusant d'un Ministere sacré, se sera rendu le corrupteur de celle dont il devoit être le guide pour la conduire dans le chemin de la vertu ? Et comment peut-il la méconnoître pour sa Partie civile, tandis qu'elle a fait son exposition contre lui au Lieutenant Criminel, qu'elle a fait faire la procedure, sur laquelle il a été decreté, & que l'Arrêt du Conseil qui attribuë la connoissance de cette affaire en premiere instance à la Grand'Chambre du Parlement, & l'Arrêt qui a commis Messieurs les Conseillers de Faucon & de Charleval pour continuer la procedure, ordonne que le procès sera fait au Pere Girard à la poursuite de Mr le P. G. du Roi (qui est toûjours la Partie principale dans les grands crimes, pour requerir des peines afflictives) & à la diligence de la Demoiselle Cadiere querellante.

Si le Pere Girard est convaincu des crimes de Quiétisme, d'Enchantement, de Sortilege, de Rapt, d'Inceste spirituel, d'Avortement & de Subornation de témoins, par quel violement de toutes les Regles n'a-t-il été decreté que d'un simple assigné, comme s'il n'avoit été question ici que d'un simple riote ? les Decrets ne doivent-ils pas se proportioner à la qualité des crimes, & des preuves, suivant la Loi & les Ordonnances, & sur tout celle de 1670. au titre *des Decrets*, art. 2. *selon la qualité des crimes des preuves & des personnes, sera ordonné que la Partie sera assignée pour être oüie, ajournée à comparoir en personne, ou prise au corps ;* ce sont les termes de cet article ? Sur la simple exposition en Rapt d'une Roturiere des hommes de la premiere condition ont été decretez de prise de corps ; on pourroit en citer cent exemples : & ici une Penitente accuse son Directeur d'un Rapt, d'un Inceste spirituel, & de plusieurs autres crimes horribles ; il en est pleinement convaincu par une procedure, & il n'est decreté que d'un simple assigné ; n'est-ce pas là une derision à la Justice ?

Mais à quel titre, & sur quel fondement a-t-on decreté la Demoiselle Cadiere d'un ajournement personnel ? Helas ! une Querellante en Rapt, qui s'est livrée même volontairement, n'est jamais decretée, à moins qu'il n'y ait une prostitution scandaleuse, & on se contente pour toute peine de la declarer au fonds non-recevable ; & dans le doute on presume que ce n'est que par l'effet d'une seduction violente qu'elle a succombé sous les efforts de son tentateur, *nisi eam sollicitaverit, nisi odiosis artibus circumvenerit, non facit eam velle in tantum dedecus se prodere.*

Les Pénitentes de Molinos qui s'étoient livrées à lui, & qu'il avoit séduites par son Quiétisme, furent-elles envelopées dans la condamnation de leur Séducteur? ne fut-il pas regardé comme le seul coupable, & ne fut-il pas le seul puni? Ici l'Accusé est d'autant plus criminel, & la Querellante d'autant plus innocente, qu'il a employé pour la séduire non seulement le Quiétisme, mais encore l'Enchantement & le Sortilege, *odiosis artibus circumvenit eam*. C'est par-là qu'il a enchaîné sa volonté, & corrompu son cœur, & qu'il y a joint encore la surprise & la perfidie en abusant d'elle dans le tems que par un accident d'obsession, ou par un extase, elle avoit perdu l'usage de ses sens: quelle complication de crimes de la part de cet Accusé! & quelle faute peut-on reprocher à cette fille infortunée? n'est-ce pas assez pour elle qu'elle reste pour toûjours deshonnorée? & apres avoir été la triste victime de l'incontinence de son Directeur, faut-il qu'elle la soit encore de sa vexation?

Nous aurions souhaité d'avoir pû abreger ce factum; ce n'est même qu'à regret que nous sommes entré dans un detail des depositions, mais nous avons crû que pour fermer la bouche aux Jésuites sur leurs supositions journalieres, & fixer une fois pour toutes l'idée de cette affaire si importante, & en instruire pleinement la Justice & le public qui est ici la Partie la plus interressée, nous devions leur rendre un compte exact de toutes les charges & de toutes les preuves; le seul regret qui nous reste, c'est d'avoir été forcés de faire ce memoire si à la hate, qu'il ne soit pas digne d'être presenté au Public; mais il aura la bonté d'excuser les défauts qu'il y trouvera, puisqu'il n'ignore pas que par une précipitation inoüie on nous donne moins du tems pour deffendre une cause immense, & qui fait l'occupation & l'attente de l'univers entier, qu'on n'en donne ordinairement pour la deffense des affaires les plus communes, & les moins étenduës; mais si cet ouvrage n'est pas digne du Public par la façon de l'ouvrier, il le sera toûjours par la richesse de la matiere.

La Cour voit que la procedure faite par l'Official à la Requête du Promoteur, est un ouvrage d'abus & de vexation, soit parce qu'il est deffendu aux Officiaux de faire de pareils accedits, & sur tout chez des Laïques & des filles; soit parce que l'Official a commencé sa procedure par des interrogatoires; soit parce que le Promoteur par sa Requête de Querelle y a compris la Demoiselle Cadiere, sous des termes envelopez, comme l'évenement l'a encore mieux prouvé, soit parce qu'au lieu de poursuivre la vengeance des crimes commis par le Pere Girard, il n'a fait entendre des témoins que pour lui procurer des faits justificatifs, & son impunité, & cela dès le commencement du procès; & que la cassation de cette procedure entraine le Decret d'ajournement personnel rendu contre la Demoiselle Cadiere, ses reponses, son recolement, & sa confrontation à quoi elle a servi de fondement ou de pretexte; que la procedure faite par Messieurs les Commissaires est de même infectée de plusieurs nullitez qui lui sont propres; que les reponses de l'Apellante sont nulles, parce qu'on l'a forcée de les faire dans le tems qu'elle étoit encore dans son délai, & sans aucune requisition de sa part; que l'Ordonnance de procès extraordinaire contre elle, & le Pere Girard seulement, est nulle, parce qu'elle a divisé le procès, & que cela entraine la cassation de tout le procès extraordinaire; que ses reponses depuis le 27. Fevrier, son recolement & sa confrontation ne sont que l'effet des menaces & de violences, qui lui ont été faites; que les Lettres Royaux de restitution incidentes, qu'elle a impetrées envers la variation qu'on lui a fait faire sont surabondantes, & à tout cas d'une justice incontestable, puisque toute la procedure, les aveux, & les lettres même de l'Accusé prouvent les crimes qu'on a voulu par là lui faire méconnoître; que le decret d'assigné, rendu contre le Pere Girard, & celui d'ajournement personnel, rendu contre elle, sont un violement de toutes les regles de la justice, parce que la qualité des decrets doit être proportionnée à celle des crimes & des preuves; & qu'ici le Pere Girard est convaincu de Quiétisme, d'Enchantement, de Rapt, d'Inceste spirituel, d'Avortement & de Subornation de témoins; & que ce sont là tout autant de crimes capitaux, dont le moindre meritoit un Decret de prise de corps, & que la Demoiselle Cadiere, qui a été decretée d'un ajournement personnel, n'a commis aucun crime ni aucune faute.

Voilà les crimes de l'Accusé, & l'innocence de la Querelante manifestez d'une maniere à ne pouvoir plus s'y méprendre. Il est tems que ce premier entre dans cet état de honte & de confusion, qui est la premiere peine des coupables; que l'autre en sorte, & reprenne sa liberté; & que cette procedure, qui n'a eu d'autre objet de la part des Officiers de la Justice Ecclesiastique que de favoriser le crime, & d'oprimer l'innocence, soit cassée & tout ce qui l'a suivie. Cet auguste Parlement a toûjours été la terreur des méchans, & l'azile des innocens oprimez, seroit-il possible que le credit des Jésuites, & la violence de leur sollicitation fit changer cette disposition si juste? Seroit-il possible qu'il refusât sa protection à une innocence si reconnuë, & qui en est si digne par la vexation qu'elle a soufferte? & par la Justice & l'importance de la cause
qu'elle

qu'elle foûtient : Il s'agit de l'interêt de la Religion, & de tout le Public, qu'elle a preferé à fon honneur. Si les crimes de l'Accufé reftent impunis, que deviendra la Religion? que deviendront les Sacremens? que deviendra le Public? les Sacremens feront deformais impunément prophanez par les Directeurs corrompus; ces fources de grace & de fecours deviendront entre leurs mains, des fources de peché & de chutes ; ce miniftere de pureté, un miniftere d'iniquité : ils tendront des pieges à l'innocence; & quand des femmes & des filles s'adrefferont à eux fous la Foi de la Religion, au lieu d'en être les conducteurs dans le chemin de la vertu, ils s'en rendront les corrupteurs, & leur enfeigneront le vice. La Cour fent toute la confequence de cette affaire, & combien elle merite toute fon attention. Il eft de fa Juftice d'affûrer l'interêt de la Religion & du Public & de calmer tout l'Univers, qui eft en attente fur fon évenement. La Renomée a deja déployé fes ailes pour porter la gloire, & la juftice de fes Jugemens jufques aux extremitez de la Terre.

Conclud comme en plaidant.

CATHERINE CADIERE.

CHAUDON Avocat.

AUBIN Procureur.

A AIX,

De l'Imprimerie de JOSEPH DAVID, Imprimeur du Roi, du Païs & de la Ville.
M. DCC. XXXI.